BLV Naturführer

Dr. Helmut Mayr

Versteinerungen

Häufige Fossilien von wirbellosen Tieren und Pflanzen

BLV

CIP-Titelaufnahme der Deutschen Bibliothek

Versteinerungen: häufige Fossilien von wirbellosen Tieren und Pflanzen / Helmut Mayr. [Alle Fotos von Franz Höck . . .]. – 2., völlig neubearb. Aufl., (Neuausg.). – München; Wien; Zürich: BLV, 1991
(BLV Naturführer; 818)
Früher als: BLV Naturführer; 127
ISBN 3-405-13818-3
NE: Mayr, Helmut; Höck, Franz; GT

BLV Verlagsgesellschaft mbH.
München Wien Zürich
8000 München 40

2., völlig neubearbeitete Auflage (Neuausgabe)

BLV Naturführer 127

Satz und Druck: Appl, Wemding
Bindung: Bückers, Anzing

Printed in Germany · ISBN 3-405-13818-3

Bildnachweis

Alle Fotos von Franz Höck nach Vorlagen der Bayerischen Staatssammlung für Paläontologie und historische Geologie, München

Zeichnungen: Barbara von Damnitz (außer S. 10–13 und S. 120/121)
S. 10–13 und S. 120/121: Hellmut Hoffmann

Fotos auf dem Umschlag:
Placenticeras meeki aus der Oberkreide von Süddakota, USA (Vorderseite);
Annularia stellata aus dem Oberkarbon von Naßfeld, Österreich (Rückseite)

Einführung

Das vorliegende Buch soll eine Einführung in die Welt der Versteinerungen geben. Gemäß Seitenzahl und Abbildungsumfang sind repräsentative Gattungen und deren typische Arten abgebildet, die in Deutschland oder den angrenzenden Ländern zu finden sind. Zudem wurden auf Fossilbörsen häufig angebotene Stücke des Auslandes berücksichtigt. Als Beispiel für die Problematik der Auswahl und die Vielzahl der bisher vorhandenen Gattungen kann der Stamm der Mollusken gelten. Seit dem Kambrium sind bei dieser Tiergruppe ca. 10 000 fossile Gattungen bekannt geworden, in einem Lehrbuch der Paläontologie finden sich etwa 500 wichtige Formen, in diesem Büchlein dagegen sind nur 40 vertreten. Die abgebildeten Versteinerungen – nur Wirbellose – befinden sich mit wenigen Ausnahmen im Besitz der Bayerischen Staatssammlung für Paläontologie und historische Geologie in München. Um dem Anfänger den Mut zum Sammeln nicht zu nehmen, sei vermerkt, daß nur gut erhaltene Stücke fotografiert wurden, um die zur Bestimmung erforderlichen Merkmale nicht nur im Text, sondern auch im Bild zu demonstrieren.

Was sind Fossilien?

Versteinerungen, auch Fossilien (lat. »fodere« = graben) genannt, sind die Reste vorzeitlicher Tiere oder Pflanzen. Der Ausdruck Vorzeit bezieht sich dabei auf den Zeitraum vom Beginn des Lebens auf der Erde bis zum Anfang der historischen Zeitrechnung. Bestimmte Versteinerungen können in solchen Massen auftreten, daß deren Überreste zur Gesteinsbildung beitragen, wie etwa die Schalen von Einzellern. Eine besondere Bedeutung für die Paläontologie besitzen Leitfossilien. Sie sind nur innerhalb einer bestimmten, geologisch kurzen Zeitspanne vertreten, weisen aber eine große geographische Verbreitung auf und erlauben es, unterschiedliche Gesteine an weit voneinander entfernten Orten mit Hilfe dieser Fossilien als zeitlich gleich einzustufen. Im Gegensatz zu den Leitfossilien kennzeichnen Faziesfossilien einen bestimmten Ablagerungsbereich, etwa den eines Riffes oder eines Binnensees. Abdrücke von Versteinerungen, die dem Fachmann die Anwesenheit von Organismen verraten, aber keinen Rest des ehemaligen Lebewesens beinhalten, werden als Spurenfossilien bezeichnet. Man spricht von lebenden Fossilien, wenn noch heute lebende Pflanzen oder Tiere bereits vor Millionen von Jahren vorhanden waren und uns deren Reste mehr oder weniger vollständig überliefert sind. Als Pseudofossilien dagegen werden Gebilde angesehen, die aufgrund ihres Aussehens echte Fossilien vortäuschen, ihre Entstehung aber chemischen oder physikalischen Vorgängen verdanken.

Fossilbildung

Im Normalfall werden innerhalb des Naturkreislaufs alle Organismen und

Erhaltungsunterschiede einer Schnecke und Auswirkungen auf die Bestimmung. Die Ganzkörpererhaltung (unten) bietet im Vergleich zum reinen Steinkern (oben) eine Zusatzinformation (knotige Skulptur) und läßt eine Bestimmung bis auf die Gattung (hier: *Tympanotomus*) zu.

ihre Reste nach dem Tode in ihre ursprünglichen Bestandteile zerlegt. Weichteile, Schalen, Skelettelemente, Zellulose werden mechanisch oder chemisch abgebaut. In selteneren Fällen, etwa bei rascher Bedekkung durch Sediment und geringer mechanischer Beanspruchung sind Hartteile, die aus Kalk, Kalziumphosphat, Skelettopal, Chitin oder Zellulose bestehen, erhaltungsfähig. Selten werden diese Stoffe in unveränderter Form und gleichem Chemismus überliefert. Ein Stoffaustausch während der Fossil- bzw. Gesteinsbildung geschieht mit Hilfe von Wasser, das in Gesteinsporen eindringen kann und den An- oder Abtransport gelöster Stoffe besorgt. Solche Transporte sind auch dann noch möglich, wenn der Organismus bereits durch Druck- sowie Temperaturzunahme des überlagernden Sediments zum Fossil geworden ist.

Fossileinbettung

Sie befaßt sich mit der Beziehung zwischen Organismus und seiner Lage im umgebenden Sediment, wobei der Weg und die kurze Geschichte zwischen dem Tode des Lebenwesens und seiner endgültigen Lagerung oft nicht mehr nachzukonstruieren sind. Im einfachsten Fall – ohne Transport – entspricht der Todesort dem ehemaligen Lebensort des Organismus. So finden sich oft schlammbewohnende Muscheln in sog. Lebendstellung d. h. in ihrer ursprünglichen Lage zum umgebenden Sediment. Ein entsprechendes Beispiel ist die Überlieferung von versteinerten Baumstammresten in senkrechter Stellung mit anhängendem Wurzelwerk. Meist jedoch erfolgt die Einbettung nach einem mehr oder weniger weitem Transportweg. Körper mit geschlossenen Hohlräumen, wie z. B. Früchte, Pollen oder Foraminiferen (Gruppe von Einzellern) können aufgrund ihres Auftriebes über weite Strecken hin transportiert werden, ehe sie endgültig zu Boden sinken und von Gesteinspartikeln begraben werden. Fehlt dagegen der Auftrieb, so spielt neben seiner Form die Schwebfähigkeit des Körpers eine für den Transport besondere Rolle. Weitere Gesetzmäßigkeiten, bedingt durch Auftrieb, Schwerkraft und Formwiderstand kommen in Einregelungen und Einsteuerungen von Strömungen zur Geltung, da jeder Körper sich danach ausrichtet, der Strömung den geringstmöglichen Widerstand zu bieten und eine stabile Lage einzunehmen.

Fossilerhaltung

Nach der Fossilbildung ist im Regelfall der ehemalige Weichkörper des Organismus zerstört worden und nur die Hartteile bzw. deren Abdrücke sind überliefert. Wenn ein Hartteilhohlraum mit Gesteinspartikeln verfüllt wurde, das Hartteil aber weggelöst wurde, spricht man von einer Steinkernerhaltung. Bei großer Hartteildicke und kräftiger Außenskulptur ist der Erhaltungsunterschied zwischen Steinkern und Fossil in Hartteilerhaltung sehr beträchtlich und die Versteinerung als Steinkern schwer zu bestimmen (vgl. Foto). Bei dünnen Hartteilen mit nur schwacher Außenskulptur kann diese Verzierung durch den Druck des auflastenden Gesteines auf den Steinkern durchgepaust werden. Bei dicht schließenden Hartteilen ohne Gesteinspartikelfüllung und anschließender Auflösung der Hartteile spricht man von einer Hohlform. Sie zeigt dann den Abdruck der Hartteilaußenfläche. Etliche Fossilien finden sich in sog. Konkretionen. Dies sind Stoffkonzentrationen um die Versteinerung. Sie sind meist härter als das umgebende Gestein, besitzen eine andere chemische Zusammensetzung und entstanden während oder nach der Fossilbildung, wobei der Chemismus des Lebewesens oder seines Hartteils oft der Anlaß zur Konkretionsbildung war.

Vergegenwärtigen wir uns einmal die Bildung eines Fossils als einen Sonderfall der Erhaltung, so wird klar, daß wegen der zahlreichen Möglichkeiten der Zerstörung nur für häufig vorkommende Lebewesen eine Chance zur Fossilbildung gegeben war. Man schätzt den Anteil der fossilisierten Formen im Vergleich zur ehemaligen Lebewelt auf unter 1%.

Problematik der Namengebung

Die Bestimmung von Fossilien nach Gattung und Art birgt insofern für den Laien einige Probleme, da sie von der Artabgrenzung der Zoologie und Botanik abweicht und noch dazu in den einzelnen Teilbereichen der Paläontologie verschieden gehandhabt wird. Dies beruht hauptsächlich an einem Mangel an ausreichender Information, da wichtige Bestimmungsmerkmale wie etwa Farbe oder Weichteile nicht gegeben sind. So werden z. B. in der Paläobotanik für verschiedene Teile ein- und derselben Pflanze verschiedene Organgattungsnamen gebraucht. In der fossilen Spurenkunde ist man sich sicher, daß für eine Spurengattung Tiere unterschiedlicher systematischer Zugehörigkeit in Frage kommen. Anders als in Zoologie und Botanik, bei denen die Art genau definiert ist, bleibt in der Paläontologie die Abgrenzung der Art daher dem Ermessensspielraum des Autors vorbehalten.

Baupläne der wichtigsten Tiergruppen

Korallenhartteil mit Polypen

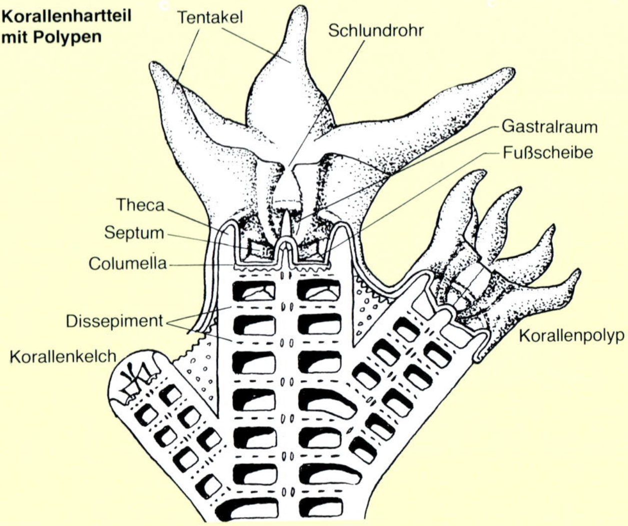

Schneckengehäuse

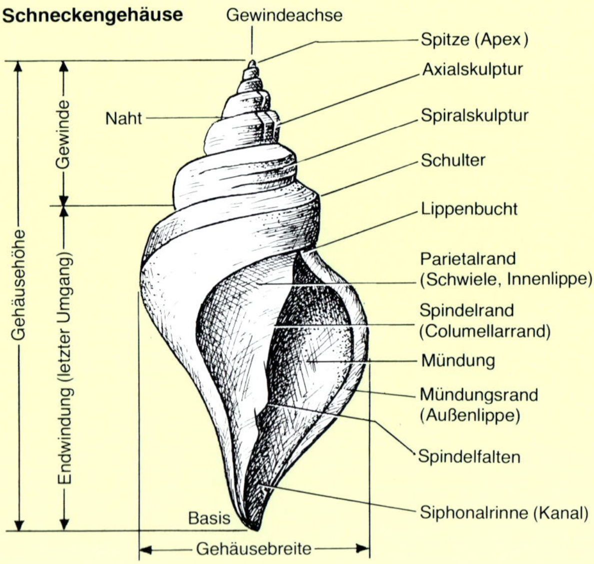

Muschelschale

rechte Klappe, innen

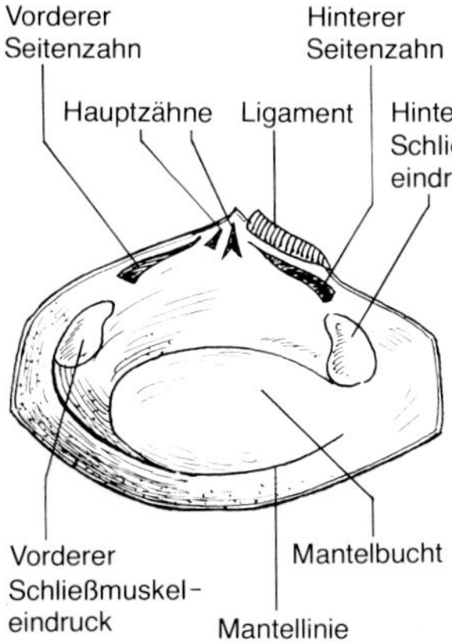

linke Klappe, außen

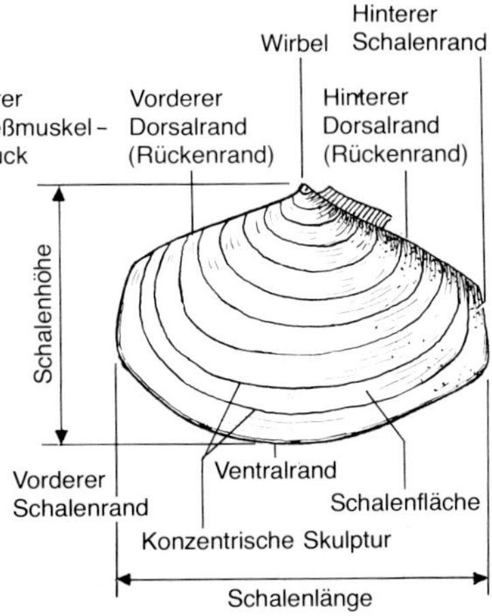

Ammonitensteinkern

von der Seite

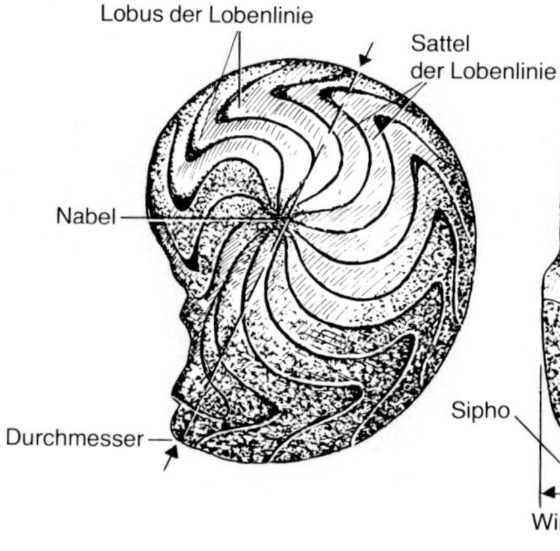

von vorne

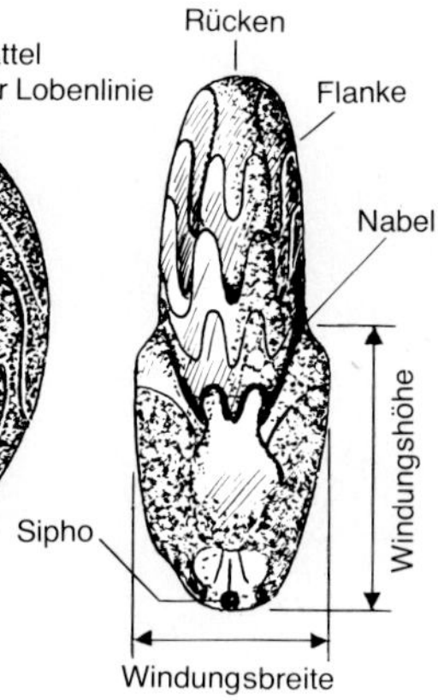

Trilobitenpanzer

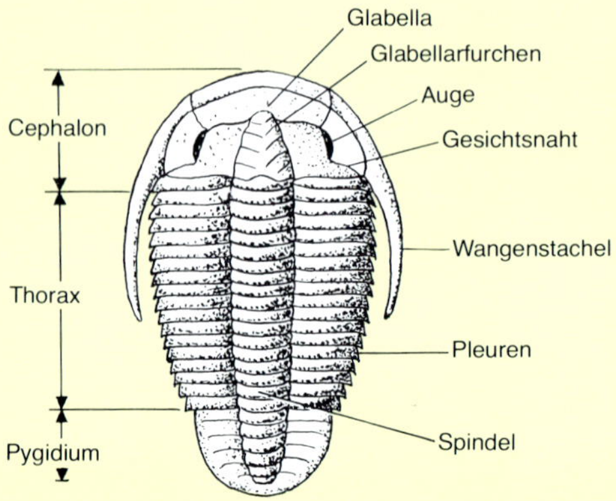

Seeigelgehäuse

Typ Cidaroidea
ohne Stacheln
mit Plattengrenzen

Oberseite

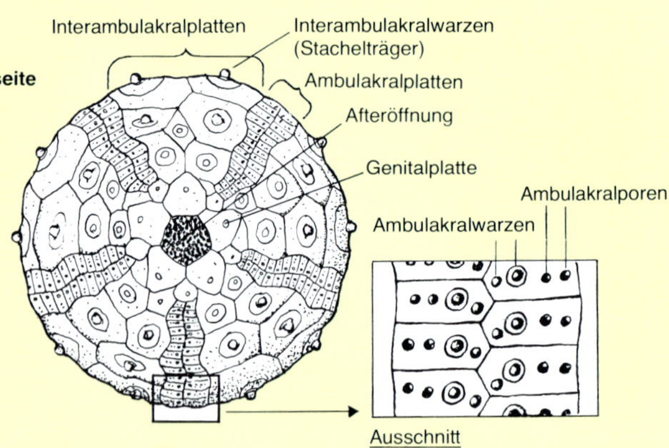

Brachiopodenschale

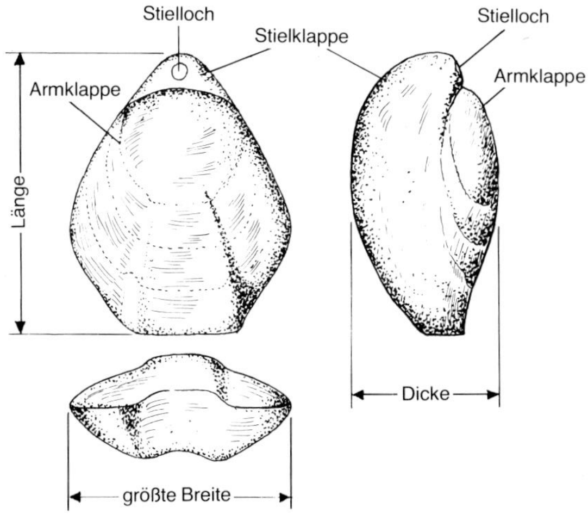

Seeigelgehäuse

Typ Clypeasteroidea ohne Stacheln

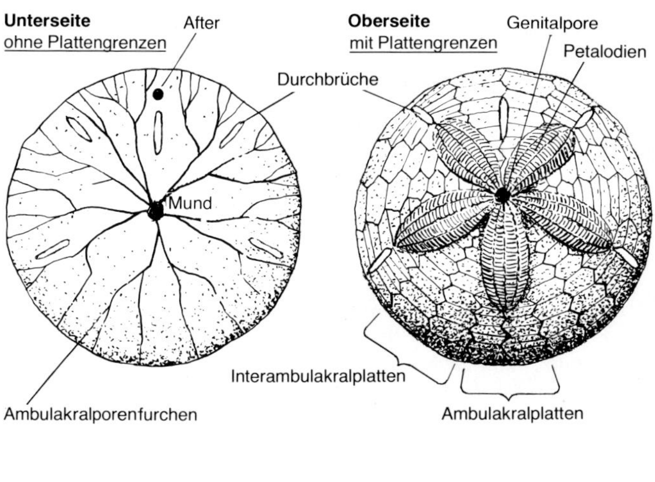

Systematischer Überblick zu den aufgeführten Formen

Von den mit * gekennzeichneten Gruppen sind die Baupläne auf den Seiten 10–13 dargestellt.

Tiere: S. 14–97

Unterreich Protozoa (Urtierchen)

Stamm Rhizopoda (Wurzelfüßer): *Nummulites* S. 14

Unterreich Metazoa (Vielzeller)

Stamm Archaeocyathida: *Archaeocyathus* S. 16
Stamm Porifera (Schwämme)
- Klasse Demospongia: *Cliona* S. 16, *Cylindrophyma* S. 16, *Astylomanon* S. 16
- Klasse Hexactinellidea: *Coeloptychium* S. 18

Stamm Cnidaria (Coelenterata, Hohltiere)
- Klasse Anthozoa (Korallentiere)*
  - Ordnung Rugosa: *Amplexus* S. 20, *Hexagonaria* S. 20, *Goniophyllum* S. 20
  - Ordnung Scleractinia: *Stylina* S. 22, *Cyclolites* S. 22
  - Ordnung Tabulata: Catenipora S. 22

Stamm Mollusca (Weichtiere)
- Klasse Lamellibranchiata (Muscheln)*
  - Ordnung Taxodonta: *Glycimeris* S. 24
  - Ordnung Schizodonta: *Trigonia* S. 24, *Unio* S. 24
  - Ordnung Dysodonta: *Cataceramus* S. 26, *Posidonia* S. 26, *Chlamys* S. 26, *Arctostrea* S. 28
  - Ordnung Pachydonta: *Hippurites* S. 28, *Pholadomya* S. 28
- Klasse Gastropoda (Schnecken)*
  - Ordnung Archaeogastropoda: *Bellerophon* S. 30, *Pleurotomaria* S. 30, *Euomphalus* S. 30, *Dicosmos* S. 32, *Caliendrum* S. 32
  - Ordnung Mesogastropoda: *Cerithium* S. 32, *Viviparus* S. 34
  - Ordnung Neogastropoda: *Nerinea* S. 34
  - Ordnung Pleurocoela: *Trochacteon* S. 34
  - Ordnung Basommatophora: *Planorbis* S. 34
- Klasse Cephalopoda (Kopffüßer)
  - Unterklasse Nautiloidea: *Michelinoceras* S. 36, *Pseudaganides* S. 38
  - Unterklasse Ammonoidea (Ammoniten)*
    - Ordnung Clymeniida: *Clymenia* S. 40
    - Ordnung Goniatitina: *Cheiloceras* S. 40, *Imitoceras* S. 40
    - Ordnung Ceratitina: *Discoceratites* S. 42, *Ptychites* S. 42, *Joannites* S. 42
    - Ordnung Phylloceratida: *Phylloceras* S. 44
    - Ordnung Lytoceratida: *Hyphantoceras* S. 44
    - Ordnung Ammonitina: *Arietites* S. 48, *Amaltheus* S. 50, *Leioceras* S. 52, *Kosmoceras* S. 56, *Parkinsonia* S. 56, *Placenticeras* S. 64
    - Ordnung Belemnitida: *Hibolites* S. 66, *Belemnitella* S. 66

Stamm Annelida (Ringelwürmer): *Serpula* S. 68
Stamm Arthropoda (Gliederfüßer)
- Klasse Trilobita: *Agnostus* S. 70, *Harpes* S. 76

Stamm Bryozoa (Moostiere)
Ordnung Cryptostomata: *Archimedes* S. 80, *Fenestella* S. 80
Stamm Brachiopoda (Armfüßer)*
Klasse Inarticulata: *Lingula* S. 82
Klasse Articulata: *Terebratula* S. 84
Stamm Echinodermata (Stachelhäuter)
Klasse Blastoidea: *Deltoblastus* S. 86
Klasse Crinoidea: *Encrinus* S. 86
Klasse Echinoidea (Seeigel)*
Ordnung Cidaroidea: *Plegiocidaris* S. 90
Ordnung Holectypoidea: *Conoclypus* S. 92
Ordnung Clypeasteroidea: *Clypeaster* S. 92, *Mellitella* S. 94
Stamm Hemichordata (Kragentiere)
Klasse Graptolithida: *Monograptus* S. 96, *Spirograptus* S. 96

Pflanzen: S. 98–117

Unterreich Prokaryota (Pflanzen ohne Zellkern)

Abteilung Cyanophyta (Blaualgen): Stromatolith S. 98

Unterreich Eukaryota (Pflanzen mit Zellkern)

Abteilung Phycophyta (Algen)
Klasse Chlorophyceae (Grünalgen): *Diplopora* S. 100
Klasse Rhodophyceae (Rotalgen): *Archaeolithothamnion* S. 100
Abteilung Pteridophyta (Farnartige)
Klasse Lycopodiatae (Bärlappe): *Lepidodendron* S. 102, *Sigillaria* S. 102
Klasse Equisetatae (Schachtelhalme)
Ordnung Sphenophyllales: *Sphenophyllum* S. 102
Ordnung Equisetales: *Equisetites* S. 104, *Annularia* S. 104
Klasse Filicatae (Farne): *Psaronius* S. 106, *Asterotheca* S. 108
Abteilung Spermatophyta (Samenpflanzen)
Unterabteilung Cycadophytina (Palmfarn-Verwandte)
Klasse Lyginopteridatae (Farnsamer)
Ordnung Lyginopteridales: *Dicksonites* S. 108, *Imparipteris* S. 110
Ordnung Glossopteridales: *Glossopteris* S. 110
Unterabteilung Coniferophytina (Nadelbaum-Verwandte)
Klasse Ginkgoatae (Ginkgo-Pflanzen): *Baiera* S. 112
Klasse Pinatae (Nadelbäume)
Unterklasse Cordaitidae: *Cordaites* S. 112
Unterklasse Pinidae
Ordnung Voltziales: *Lebachia* S. 112
Ordnung Pinales: *Metasequoia* S. 114
Unterabteilung Angiospermophytina (Bedecktsamer)
Klasse Magnoliatae (Zweikeimblättrige): *Liquidambar* S. 114
Klasse Liliatae (Einkeimblättrige): *Palmoxylon* S. 116

Nummulites

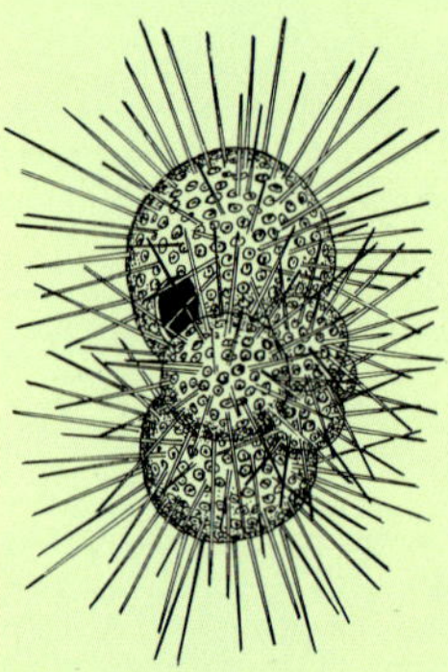

Kalkgehäuse einer planktonischen *Globigerinoides*-Art

St. Rhizopoda, Kl. Foraminifera. **Merkmale:** Zweiseitig-symmetrisches Gehäuse, im jugendlichen Stadium halbkugelig, im Alter flach scheibenförmig aufgerollt, der jeweils jüngste Umgang umschließt die älteren Windungen; Windungszahl bis zu 40. Gehäuse in Kammern unterteilt, die durch meist S-förmige Septen voneinander getrennt sind. Kammern durch komplizierte Kanäle miteinander verbunden. Gehäusewandung verkalkt und mit feinen Poren versehen. **Vorkommen:** Paläozän bis Oligozän. **Verbreitung:** U. a. Europa, Nordafrika, Ostindien, Mittelamerika.

Wegen ihres scheibenförmigen Aussehens und der entsprechenden Größe wurden sie als Münzsteine (lat. »nummus« = Münze) benannt. Es sind Exemplare bis zu 16 cm Ø bekannt. Nummuliten treten auch als Gesteinsbildner auf; so besteht z. B. die Cheopspyramide aus Nummulitenkalk.

Mit der Gattung *Nummulites* wird stellvertretend für den Stamm der Protozoen und die Foraminiferen eine sog. Großforaminifere vorgestellt, die sowohl noch mit bloßem Auge gut zu beobachten als auch für den nichtspezialisierten Sammler von Interesse ist. Der Feinbau dieser Gehäuse ist jedoch nur unter dem Mikroskop zu erkennen. Es handelt sich um einzellige, schalenbildende Lebewesen, deren eigentlicher Körper aus Protoplasma besteht, welches durch Öffnungen (lat. »foramina«) der Schale austreten kann. Der überwiegende Teil dieser Formen ist auf das Meer beschränkt, doch sind auch Süß- und Brackwasserformen bekannt. Der Großteil aller Foraminiferen lebt benthonisch, d. h. am Gewässerboden, entweder beweglich oder festgewachsen, der Rest zählt zum frei schwebenden Plankton. Solche Arten besaßen oft lange Stacheln (s. Grafik). Diese Fortsätze verringerten die Sinkgeschwindigkeit, so daß die Einzeller frei im Wasser schwebten. Wegen ihres massenhaften Auftretens und ihrer großen Verbreitung zählen die Foraminiferen zu den besten Leitfossilien. Die Tatsache, daß aus einer geringen Gesteinsmenge eine Unzahl von Gehäusen zu gewinnen ist, unterstreicht ihre Bedeutung als Leitfossilien für die Erdölindustrie.

Foto: Nummulitenkalk aus dem Eozän des Pariser Beckens mit *N. laevigatus*. Die in der Medianebene aufgewitterten Exemplare zeigen deutlich den spiraligen Aufbau des Gehäuses und die durch Septen getrennten Kammern. Größter Ø eines Exemplares 2 cm.

Archaeocyathus

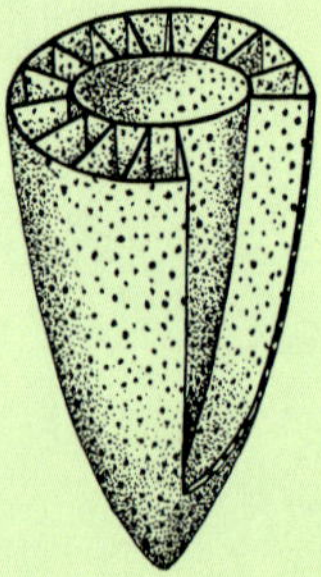

doppelwandiges Kalkskelett

St. Archaeocyatha, Fam. Archaeocyathidae. **Merkmale:** Doppelwandiges, mit Poren bedecktes Kalkskelett in Becherform (s. Grafik). Zwischenraum mit blasigem Gewebe und gekrümmten Plättchen. **Vorkommen:** Unterkambrium. **Verbreitung:** Weltweit.

Die nur in den warmen Flachmeeren des Unter- bis Mittelkambriums vorkommenden Archaeocyathiden bildeten zusammen mit Blau-Grünalgen kleine Riffe. Ihre frei schwimmenden Larven sorgten für eine große Verbreitung. Unterkambrische Sedimente sibirischer Ablagerungen sind in 11 Archaeocyathiden-Zonen unterteilt worden.

Foto oben links: Angewitterte Exemplare aus dem Unterkambrium von Marokko. Ø 2 cm.

Cliona

Kl. Demospongia, Ord. Hadromerida. **Merkmale:** Bohrschwamm mit perlschnurartigen Gängen in kalkigem Substrat. Durchmesser 1–6 mm. Nadeln monaxon und Spiraster. **Vorkommen:** Devon bis rezent. **Verbreitung:** Weltweit.

Foto oben rechts: Ausgefüllte Bohrgänge von *Cliona* in einer Schneckenschale; Eozän von Verona, Italien.

Cylindrophyma

Kl. Demospongia, Ord. Lithistida. **Merkmale:** Habitus zylindrisch, röhrenförmiger Zentralhohlraum mit horizontalen Radialkanälen. Skelettelemente Desmone mit verdicktem Zentrum, 3 und mehr Strahlen. Deckschicht aus Monaxonen. **Vorkommen:** Jura von Europa. **Verbreitung:** Europa.

Die Ordnung der Lithistida (Steinschwämme) mit massivem Desmonen-Skelett existiert seit dem Kambrium und findet sich in heutigen Meeren zwischen 100 bis 400 m Tiefe. Entwicklungshöhepunkte dieser Organismen waren im Oberjura und der Oberkreide.

Foto unten links: *Cylindrophyma* aus dem Oberen Malm von Kehlheim, Deutschland. Höhe 7 cm.

Astylomanon

Kl. Demospongia, U. Ord. Eutaxicladina. **Merkmale:** Kugelig; breite Ausgangskanäle zu eingesenkter erhabener Kloake; Skelettelemente Desmone, i. d. R. mit 5–6 Strahlen. **Vorkommen:** Ordovizium bis Silur. **Verbreitung:** Weltweit.

Foto unten rechts: Verkieseltes Exemplar im Querschnitt und von außen; Ordovizium von Tennessee, USA. Höhe 3,5 cm, Breite 4 cm.

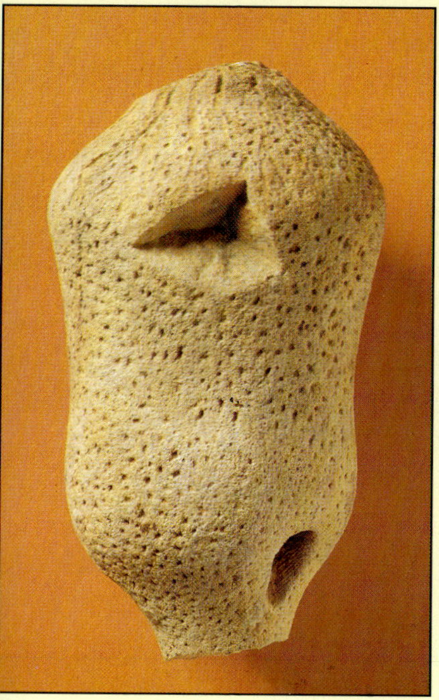

Coeloptychium

Kl. Hexactinellidea, Ord. Lychniskida. **Merkmale:** Pilzförmige Gestalt mit Stiel und Schirm. Schirmunterseite mit radial verlaufenden, sich gegen den Rand zu gabelnden Falten, die Kanalöffnungen aufweisen. Schirmseitenwand und Schirmoberseite mit poröser Deckschicht. **Vorkommen:** Oberkreide. **Verbreitung:** Europa.

Gerade bei Schwämmen sind Gattungen, die sich lediglich durch ihre äußere Form – wie *Coeloptychium* – bestimmen lassen, selten. Entscheidend für die systematische Zuordnung ist der Bautyp der Skelettelemente, die den ehemaligen Weichkörper innen und außen stützten. Sie bestanden entweder aus Skelettopal, Kalzit oder Spongin. Bei den Hexactinellidea (Glas- oder Kieselschwämme) kreuzen sich 3 Achsen unter einem Winkel von 90°. Dies ergibt i. d. R. 6 Strahlen, von denen jedoch in vielen Fällen nicht alle ausgebildet werden. Bei den Lychniskida wird durch Verschmelzung benachbarter Sechsstrahler ein Raumgitterskelett ausgebildet. Als Besonderheit finden sich im Kreuzungszentrum der 3 Achsen symmetrisch angeordnete Diagonalverstrebungen (s. Grafik). Der Schwamm war entweder am Boden festgewachsen oder mit Glasfäden befestigt. Alle bisher bekannt gewordenen Lychniskiden stammen aus europäischen Vorkommen.

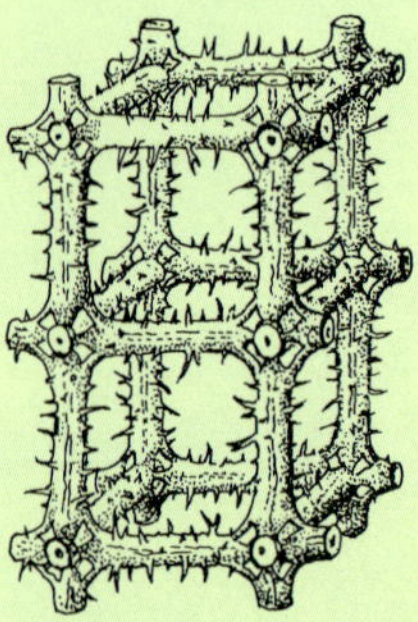

Skelett
(stark vergrößert)

Das aus Skelettopal bestehende Gerüst der Hexactinellidea begünstigte natürlich die Fossilbildung. Die Gruppe ist bereits ab dem Kambrium fossil überliefert, doch ihre Hauptentwicklungsphase war im Jura und in der Kreide. Als rein marine Formen sind sie in Meerestiefen um 300 m anzutreffen.

Gesteine, deren überwiegender Anteil aus Schwämmen besteht, werden als Spongiolithe bezeichnet. Durch Ätzen von Gesteinen mit verdünnter Salzsäure lassen sich Skelettelemente gut herauslösen.

Fotos: 2 Exemplare von *C. agaricoides* aus der Kreide von Braunschweig, Deutschland Ø 14 cm und 8 cm.

Hexagonaria

Ord. Rugosa, Fam. Philipsastraeidae. **Merkmale:** Koloniebildende Koralle mit direkt aneinander angrenzenden Polyparen. Im Bereich der Achse Böden flach, Septen dünn; im randlichen Bereich Böden auf- oder abwärts gezogen, Septen verdickt. Zahlreiche kleine, blasenförmige Dissepimente. **Vorkommen:** Devon. **Verbreitung:** Weltweit, (Unterkarbon von China).
Bei dieser Ordnung der Korallen werden beim Bau des Polypars die ersten 6 Septen nacheinander angelegt. Nur vorübergehend erscheint dadurch eine Aufteilung in 6 Sektoren, die sich während des Wachstums wieder verliert und in einer Aufteilung in 4 Bereiche endet. Zusammen mit den tabulaten Korallen, die sich durch Reduktion der Septen, schlanke Böden und schlanke Polypare auszeichnen, bildeten die Rugosa im Paläozoikum die Hauptmasse der Riffe.
Foto oben: *Hexagonaria* sp. aus dem Devon der Eifel, Deutschland. Ø eines Kelchs 1,5 cm.

Amplexus

Ord. Rugosa, Fam. Amplexidae. **Merkmale:** Einzelkoralle mit langgestreckt-zylindrischem oder unregelmäßig gebogenem Polypar. Böden randlich nach unten gezogen, mit einem Haupt- und 2 gegenüber liegenden Zwischengräben. Hauptsepten dünn, i. d. R. nur randlich entwickelt. **Vorkommen:** Devon (?), Unterkarbon. **Verbreitung:** Europa.
Foto unten links: *A. cornuformis* aus dem Karbon von Tournay, Belgien. Kelchbreite 3 cm.

Goniophyllum

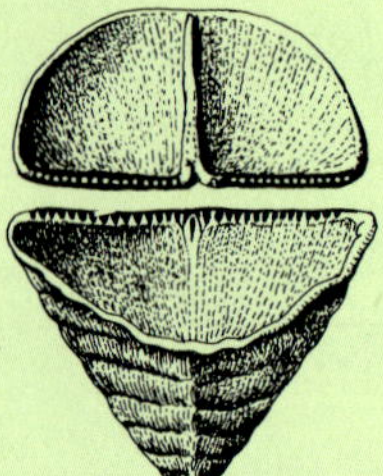

Pantoffel-Koralle

Kalkskelett mit Deckel

Ord. Rugosa, Fam. Goniophyllidae. **Merkmale:** Pyramidenförmige Einzelkoralle mit Deckel aus 4 dreieckig geformten Platten. Septen dick, zwischen blasigem Gewebe eingebettet. **Vorkommen:** Unter- bis Mittelsilur. **Verbreitung:** Europa.
Zur gleichen Familie wie *Goniophyllum* wird die Pantoffel-Koralle *Calceola sandalina* (s. Grafik) aus dem Unter- bis Mitteldevon von Europa gestellt. Der Deckel war gleichzeitig Schutz vor Freßfeinden und vor Verunreinigung durch Sandpartikel.
Foto unten rechts: *G. pyramidale* aus dem Mittelsilur der Insel Gotland, Schweden. Kelchbreite 2 cm.

Stylina

Ord. Scleractinia, Fam. Stylinidae. **Merkmale:** Stockbildende Koralle von massiger oder ästiger Gestalt. Die weit auseinanderstehenden Polypare sind durch zusammenfließende Septenenden miteinander verbunden. Septen in vier-, fünf- oder sechszähliger Anordnung. **Vorkommen:** Obertrias bis Unterkreide. **Verbreitung:** Weltweit, mit Ausnahme von Australien.

Im Gegensatz zu den rugosen Korallen werden bei dieser Ordnung die ersten 6 Septen gleichzeitig angelegt. Dadurch wäre eine Aufteilung in 6 Sektoren normal; jedoch können, wie bei der Gattung *Stylina,* durch unterschiedliches Wachstum der Septen nur 4 oder 5 Bereiche entwickelt sein. Die Ordnung der Scleractinier gehörte zu den wichtigsten Riffbildnern ab der Trias.

Foto oben: *S. limbata* aus dem Oberen Malm von Sinnabronn, Deutschland. Ø eines Kelchs 2 mm.

Cyclolites

Ord. Scleractinia, Fam. Cyclolitidae. **Merkmale:** Einzelkoralle, scheibenförmig; Unterseite flach, mit konzentrischen Wachstumsstreifen, Oberseite gewölbt. Septen mit Poren, zahlreich und dünn, mit Einsenkung. **Vorkommen:** Kreide bis Eozän. **Verbreitung:** U. a. Europa, Asien.

Cyclolites lag lose auf dem Sediment.

Foto unten links: *C. macrostoma* aus der Oberkreide von Gosau, Österreich. Ø eines Kelchs 5 cm.

Catenipora

Ord. Tabulata, Fam. Halysitidae. **Merkmale:** Polypare lang, zylindrisch, klein und seitlich zusammengedrückt, palisadenartig an den schmalen Enden miteinander verbunden. Septen fehlend oder auf 12 Dornen reduziert. **Vorkommen:** Ordovizium bis Silur. **Verbreitung:** Weltweit.

Die zeitgleich mit *Catenipora* auftretende Gattung *Halysites* – nicht in Südamerika vertreten – zeigt zwischen den normal ausgebildeten Polyparen eine Einschaltung von deutlich kleineren (s. Grafik).

Die Ordnungen der Tabulata und der Rugosa vertraten im Paläozoikum (mittleres Ordovizium bis Perm) die Gruppen der heutigen Riffkorallen; vermutlich mit den gleichen Ansprüchen an ihre Umgebung wie die heutigen Korallen: Sie bevorzugten flache, gut durchlüftete, schwach bewegte Meereszonen mit einer Temperatur von 16–21 °C in gut durchlichtetem Wasser.

Foto unten rechts: *C. catenularia* aus dem Obersilur der Insel Gotland, Schweden. Länge eines Polypars 0,5 cm.

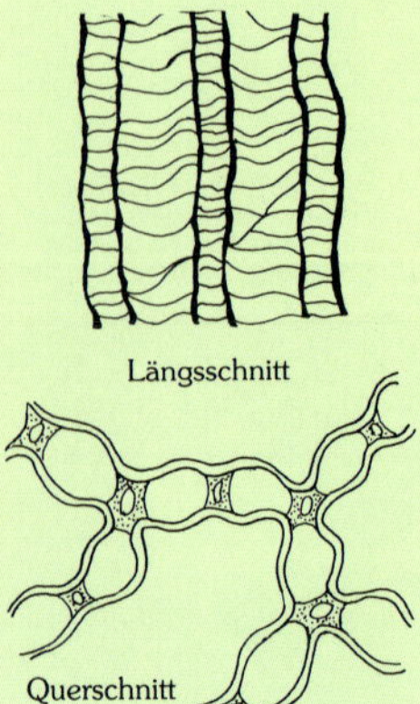

Polypare von *Halysites*

Glycimeris

Ord. Taxodonta, Fam. Glycimeridae. **Merkmale:** Kreisförmiger Umriß, gleichseitig, gleichklappig; dreieckige, gefurchte Ligamentgrube, Verlängerung der Kerbzähne zur Klappenmitte hinweisend. **Vorkommen:** Älteres Tertiär bis rezent. **Verbreitung:** Weltweit.

Foto oben links: *G. philippii* aus dem Oligozän von Moers, Deutschland. Ø 6 cm.

Unio

Muscheln in Lebendstellung

Ord. Schizodonta, Fam. Unionidae. **Merkmale:** Gleichseitige, mit hornigem Überzug bedeckte Klappen, Hinterrand verlängert, randlich parallele Anwachsstreifen. Schloß schizodont, aber sehr variabel. **Vorkommen:** Trias bis rezent. **Verbreitung:** Europa, Asien, Afrika.

Adulte Exemplare leben im Schlamm oder auf dem Gewässerboden (s. Grafik). Sie sind ausschließlich aus Brack- und Süßwasser bekannt. Rezente Gattungen und Arten sind durch die Dezimierung der Fischbestände gefährdet, da die Muschellarven wegen ihres hohen Sauerstoffbedarfs sich einige Zeit an Fischkiemen festsetzen, bevor sie zu Boden sinken und massive Schalen bilden.

Foto oben rechts: *U. wendli* aus dem Tertär des Leitzachtales, Deutschland. Länge 6 cm.

Trigonia

Ord. Schizodonta, Fam. Trigoniidae. **Merkmale:** Umriß dreieckig-gerundet, Vorderrand abgerundet, Hinterrand ausgezogen oder gestutzt, Wirbel deutlich ausgeprägt, das dahinter liegende Arealfeld radial gerippt, im Gegensatz zu den konzentrisch berippten Flankenseiten der Klappen. Rippen enden deutlich vor dem kräftig ausgebildeten Kiel. Linke Klappe mit gespaltenem, dreieckigem Zahn und 2 weiteren, kleineren Zähnen; rechte Klappe mit 2 V-förmig zueinander gestellten Zähnen. **Vorkommen:** Mitteltrias bis Oberkreide. **Verbreitung:** Weltweit.

Die einzige heute noch lebende Gattung *Neotrigonia* dieser ehemals so verbreiteten Familie lebt auf Sand- und Schlammböden vor der australischen Küste. Sie liegt – flach eingegraben – dicht unter der Oberfläche des Meeresbodens, filtert ihre Nahrung aus dem Wasser und kann sich mit Hilfe ihres kräftigen Fußes aus dem Sediment schnellen.

Foto unten: *Trigonia interlaevigata* aus dem Mittleren Dogger von Bielefeld, Deutschland. Länge 11 cm, Höhe 8 cm.

Cataceramus

Ord. Dysodonta, Fam. Inoceramidae. **Merkmale:** Umriß gelängt-oval, zum Vorderende hin verlängert; Klappen gleichklappig, mit kräftiger, konzentrischer Berippung und zarten konzentrischen Linien, länger als hoch. **Vorkommen:** Oberkreide. **Verbreitung:** Weltweit.

Foto oben links: *C. regularis* aus der Oberkreide. Gosau, Österreich. Höhe 9 cm.

Chlamys

Ord. Dysodonta, Fam. Pectinidae. **Merkmale:** Rechte Klappe gewölbter als linke, beide mit kräftigen Radialrippen, die sich mit konzentrischen Zuwachsstreifen kreuzen. Rechtes Ohr mit Einbuchtung. **Vorkommen:** Trias bis rezent, **Verbreitung:** Weltweit.

Alle Vertreter dieser Gattung können mittels Auspressen des Wassers durch ruckartiges Zusammenklappen der beiden Schalen mehr oder weniger kontrolliert schwimmen. Mit *Chlamys* verwandt ist die rezente Jacobsmuschel *(Pecten jacobaeus)*, im Mittelalter Kennzeichen, Trink- und Eßschale der Pilger zum spanischen Wallfahrtsort Santiago de Compostela.

Foto oben rechts: *C. gigas* aus dem Tertiär von Ortenburg, Deutschland. Höhe 13 cm.

Posidonia

Ord. Dysodonta, Fam. Pteriidae. **Merkmale:** Umriß schiefoval, dünnschalig; Wirbel niedrig, Klappen nur schwach konvex, ungleichseitig, aber nahezu gleichklappig. Schloßrand gerade, Schloß ohne Zähne. Sehr kleine Ohren (Ausbuchtungen des Schloßrandes). Schalenoberfläche mit konzentrischer, zum Außenrand paralleler Berippung. **Vorkommen:** Unterkarbon bis Oberjura. **Verbreitung:** Nordamerika, Eurasien, Südamerika, Ostafrika.

Die kleinen Ohren sind an dem unpräparierten Stück nicht zu erkennen. Bekannt ist die Gattung durch die Art *P. bronni*, die wegen ihres massenhaften Auftretens im Lias diesem Gestein den Namen Posidonienschiefer einbrachte.

Die auf dieser Seite abgebildeten Muscheln gehören zur Ordnung der Dysodonta. Das dysodonte Schloß besteht aus senkrecht zum Schloßrand verlaufenden Kerben oder Runzeln, die unter sich fast parallel verlaufen (s. Grafik).

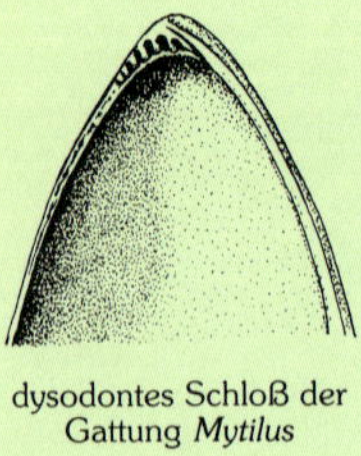

dysodontes Schloß der Gattung *Mytilus*

Foto unten: *P. becheri*, ein Leitfossil des Unterkarbons aus Nassau, Deutschland. Länge 4 cm.

Arctostrea

Ord. Dysodonta, Unterfam. Lopheinae. **Merkmale:** Umriß sichelförmig, beide Flanken parallel und steil abfallend, gabelig verzweigte Rippen mit feiner Längsrunzelung auf der Außenseite beider Klappen, die in scharfen Falten der Flanken auslaufen. Auf den Faltenscheiteln mehrere gefältelte Fortsätze. Schalenrand durch V-förmige Randfaltung im Zickzack-Muster verlaufend. **Vorkommen:** Oberkreide. **Verbreitung:** Weltweit.

Wie die meisten Austern war auch diese Form mit der linken Klappe am Untergrund festgewachsen. Mit Hilfe ihrer Kiemen entnehmen sie dem einströmenden Wasser Sauerstoff und Nahrungsteilchen.

Foto oben links: *A. colubrina*, Exemplar aus der Oberkreide der Krim, UdSSR. Ø des Bogens 15 cm, größte Breite 6 cm.

Pholadomya

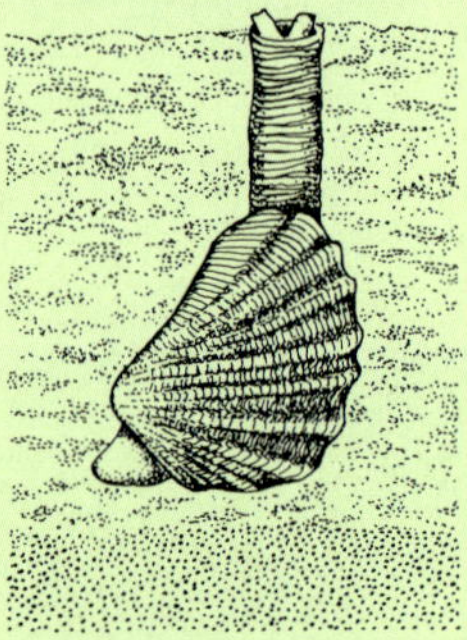

Lebendstellung im Sediment

Ord. Pachydonta, Fam. Pholadomyidae. **Merkmale:** Umriß länglich-oval, mit verlängerter Hinterseite, Klappen gleichklappig, hinten niemals schließend, konzentrisch oder radial berippt, oder beides. **Vorkommen:** Obertrias bis rezent. **Verbreitung:** Weltweit.

Die zeitlebens vorne klaffende Schale weist auf eine Lebensweise im Sediment hin, wobei die Verbindung vom Meeresboden ins darüberliegende freie Wasser durch 2 sog. Siphonen (schlauchartige Verbindungen) erfolgt: Ein Atemsipho dient für das mit Sauerstoff und Nahrungspartikeln einströmende Wasser, der diesem benachbarte Aftersipho für Exkremente und Abwasser (s. Grafik).

Foto oben rechts: *P. murchisonii* aus dem Dogger von Pieznoch, Polen. Länge 8 cm.

Hippurites

Ord. Pachydonta, Fam. Hippuritidae. **Merkmale:** Muschel mit 2 verschieden gebauten Klappen. Rechte, festgewachsene Klappe von röhrenförmiger bis konischer Form bis zu 1 m Länge; Oberfläche glatt bis längsberippt und i. d. R. 2 Furchen, 1 Schloßzahn vorhanden. Innenstruktur mit 2 deutlich unterschiedlichen Säulchen und kurzer oder fehlender Ligamentfalte. Linke Deckelklappe innen mit 2 Schloßzähnen; Außenschicht mit länglichen bis runden Poren, die in Radialkanäle münden, sowie 2 Öffnungen. **Vorkommen:** Oberkreide. **Verbreitung:** Europa, Nordostafrika, Asien, Nordamerika, Antillen.

Foto unten: Beide Exemplare von Brandenberg, Österreich. Höhe des Stückes 11 cm, Ø des Querschnittes 6 cm.

Bellerophon

Ord. Archaeogastropoda, Fam. Bellerophontidae. **Merkmale:** Gehäuse planspiral, mit oder ohne Nabel, Umgänge breit, am Rücken mit Schlitzband, Oberfläche mit Anwachslinien, Mündung breit, den Umgang übergreifend. **Vorkommen:** Silur bis Untertrias. **Verbreitung:** Weltweit.
Foto oben links: *B. umbilicalis* aus dem Unterkarbon von Tournai, Belgien. Ø 4 cm.

Pleurotomaria

Ord. Archaeogastropoda, Fam. Pleurotomariidae. **Merkmale:** Gehäuse kegel- bis kreiselförmig, Windungen außen abgeflacht, spiralig gestreift und mit Knoten, Schlitzband auf Windungsmitte. **Vorkommen:** Lias bis Unterkreide. **Verbreitung:** Weltweit.
Die rezent lebenden Gattungen der Familie wie *Perotrochus* und *Mikadotrochus* leben in Meerestiefen von 200–400 m bei Japan, Formosa, Westindien und Südafrika. Die Familie galt als ausgestorben, bis 1855 ein unvollständiges Gehäuse entdeckt wurde.
Foto oben rechts: *P. amalthei,* aus dem Lias von Württemberg, Deutschland. Höhe 5 cm.

Euomphalus

Ord. Archaeogastropoda, Fam. Euomphalidae. **Merkmale:** Gehäuse planspiral, Umgänge langsam an Größe zunehmend und nur an den Seiten einander berührend, weiter Nabel der Gehäuseunterseite; randlicher Kiel trennt die flache Oberseite der Windungen vom rundlichen Teil. Windungen mit flachen Anwachslinien, die am Kiel winkelig versetzt sind. **Vorkommen:** Silur bis Mittleres Perm. **Verbreitung:** Weltweit.
Bei gut erhaltenen Exemplaren von *Euomphalus* ist zu erkennen, daß ältere, nicht bewohnte Windungsteile durch Kalkwände vom Weichkörper abgetrennt wurden. Wie *Pleurotomaria, Bellerophon, Haliotis* und *Fissurella* gehört diese Gattung zu den Archaeogastropoda. Die Gehäuse dieser ursprünglichen Gastropoden sind sehr unterschiedlich ausgeprägt; es gibt kegelförmige, mützenartige, turmförmige und planspirale Formen. Lediglich die mit 2 Kiemen vor dem Herzen ausgestatteten Formen besitzen eine Mündung mit einer sinusförmigen Einbuchtung oder einem Schlitz in der Schale. Beim Seeohr *(Haliotis)* ist das Schlitzband durch die kleinen kreisförmigen Öffnungen markiert (s. Grafik).
Foto unten: *E. pentangulatus* aus dem Unterkarbon von Iredale, Irland. Ø 6 cm.

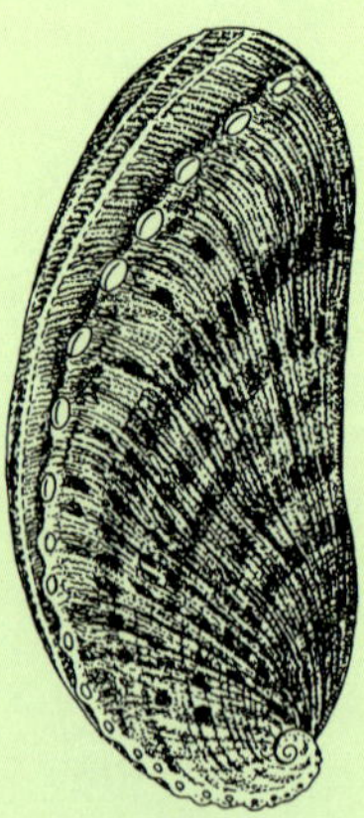

Seeohr

Dicosmos

Ord. Archaeogastropoda, Fam. Neritopsidae. **Merkmale:** Gehäuse immer ohne Nabel und i. d. R. glatt, letzte Windung bis auf einen kleinen Rest an der Spitze alle älteren Windungen umgreifend. Mündung halbkreisförmig, mit Innen- und Außenlippe. **Vorkommen:** Mittel- bis Obertrias. **Verbreitung:** Europa, Indonesien.
Während bei den meisten Fossilien Farberhaltung nur in seltenen Fällen auftritt, ist dies bei den Gattungen dieser Familie nicht selten. Bekannt geworden sind spiralige Bandstreifung, Flecken und Zickzack-Muster. Rezente und fossile Formen dieser Gruppe sind auch in Süßwasserablagerungen erhalten.
Foto oben: *D. maculatus* aus der mittleren Trias von Südtirol, Italien. Ø der Gehäuse 6 cm, Höhe 4 cm. Farberhaltung.

Caliendrum

Kl. Archaeogastropoda, Fam. Plethospiridae. **Merkmale:** Gehäuse mäßig hoch, Mündung unten ausgußförmig, flache Schlitzbandfläche in Höhe der Windungsschulter durch Furchen begrenzt, Anwachsstreifen bogenförmig. **Vorkommen:** Unter- bis Oberkarbon. **Verbreitung:** Europa, Nordamerika.
Foto unten links: *C. vittatum* aus dem Unterkarbon von Dublin, Irland. Höhe des Exemplares 7 cm, Breite 4 cm.

Cerithium

Ord. Mesogastropoda, Fam. Cerithiidae. **Merkmale:** Gehäuse spitzkonisch, Umgänge flach, mit dichter Perlschnurskulptur, Mündung oben und unten mit Ausguß. **Vorkommen:** Tertiär bis rezent. **Verbreitung:** Weltweit.
Neben den Besonderheiten der Weichteile (eine Herzvorkammer, einseitig befiederte Kiemen, spezialisierte Raspelzunge) fehlt den seit dem Ordovizium bekannten Mesogastropoden eine Perlmuttschicht im Schalenaufbau.
Zu dieser Ordnung gehört auch die marine Schnecke *Aporhais,* wegen ihrer verbreiterten Mündung auch Pelikanfuß genannt. Die an manchen Küsten des Mittelmeeres noch häufig zu findende Schnecke ist ein Nahrungsspezialist. Neben ihrer Normalkost, die durch Abweiden von Algen gewonnen wird, filtriert sie, vom Sand bedeckt, aus ihrem Atemwasser zusätzliche Nahrungspartikel (s. Grafik).
Foto unten rechts: *C. lignitarum* aus dem Tertiär des Wiener Beckens, Österreich. Höhe 6 cm, Breite 2,5 cm.

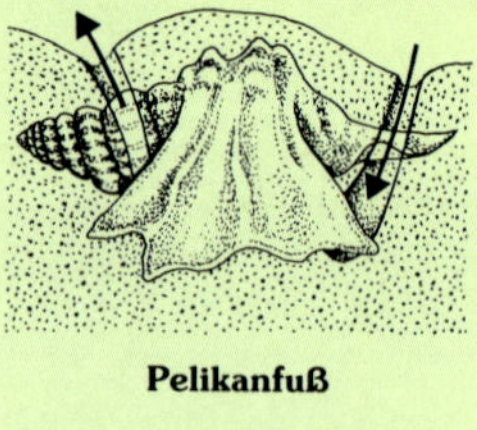

Pelikanfuß

Lebendstellung im Sediment

Viviparus

Ord. Mesogastropoda, Fam. Cyclophoracea. **Merkmale:** Gehäuse kreiselförmig bis kugelig; Windungen i. d. R. glatt, Mündung schräg und meist oval, Anfangsumgänge kantig. **Vorkommen:** Oberkreide bis rezent. **Verbreitung:** U. a. Europa, Nordamerika.

Viviparus gehört zu den Süßwasserbewohnern; der Name bezieht sich auf die Tatsache der lebend zur Welt gebrachten Nachkommen.

Foto oben links: *V. pachystoma* aus dem Tertiär des Mainzer Beckens, Deutschland. Höhe und Breite der Exemplare 2 cm.

Nerinea

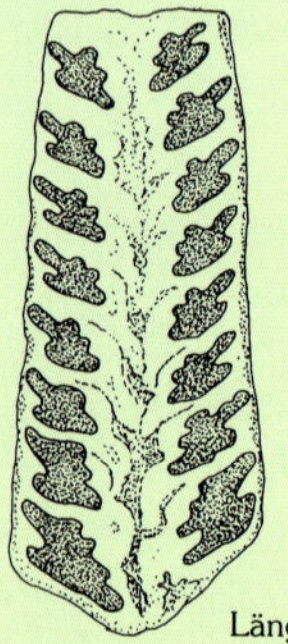

Längsschnitt

Ord. Neogastropoda, Oberfam. Nerineacea. **Merkmale:** Gehäuse hoch, spitzkonisch, Windungen durch Naht getrennt. Umriß der Mündung gerundet-viereckig mit Falten als Hauptbestimmungsmerkmal. **Vorkommen:** Lias bis Oberkreide. **Verbreitung:** Weltweit.

Die ausgestorbene Gruppe der Nerineaceae umfaßte nur im Meer lebende Formen. Die Gehäusespindel mit Spindelfalten und die Spirallamellen der Innenseite der Gehäusewand bilden im Längsschnitt ein artspezifisches Muster (s. Grafik). Rein nach der äußeren Morphologie sind diese Schnecken nicht zu bestimmen.

Foto oben rechts: *Nerinea* sp. aus der Oberkreide von Tirol, Österreich. Längsschnitt und Oberfläche, Höhe 9 cm.

Trochacteon

Ord. Pleurocoela, Fam. Acteonidae. **Merkmale:** Gehäuse dickschalig, grobwüchsig; Umriß spindel-, zylinder- oder eiförmig, Mündungsunterseite verbreitert, 3 Spindelfalten an der Achse. **Vorkommen:** Unter- bis Oberkreide. **Verbreitung:** U. a. Europa, Nordafrika.

Foto unten links: *T. gigantea* aus der Oberkreide von Gosau, Österreich. Höhe 12 cm.

Planorbis

Ord. Basommatophora, Fam. Planorbidae. **Merkmale:** Gehäuse klein bis mäßig groß, scheibenförmig, Ober- und Unterseite vertieft, Umgänge gekielt, Mündung schief-oval. **Vorkommen:** Oberes Oligozän bis rezent. **Verbreitung:** U. a. Nordamerika, Europa.

Foto unten rechts: *P. cornu cornu* aus dem Miozän von Donaurieden, Deutschland. Ø 1,5 cm.

Michelinoceras

U. Kl. Nautiloidea, Fam. Orthoceratidae. **Merkmale:** Gattung mit langgestrecktem, dünnem, subzylindrischem Gehäuse. Lobenlinien gerade, vertikal verlaufend. Gehäusekammern langgestreckt, Wohnkammer sehr lang. Sipho in der Mitte oder etwas davon abgerückt gelegen. Siphonalhüllen zylinderförmig, Siphonaldüten gerade. Kalkausscheidungen in den Gehäusekammern. **Vorkommen:** Unteres Ordovizium bis Obertrias. **Verbreitung:** Nordamerika, Europa, Asien, Australien.

Mit einfacher Lobenlinie und dem kompliziert gebautem Siphonalapparat gehört *Michelinoceras* mit seinem geradegestrecktem Gehäuse zur Ordnung der Nautiloidea. An vorliegendem Exemplar ist sogar die nachträgliche Orientierung in Bauch- und Rückenseite möglich. Der große, ungekammerte Teil in Steinkernerhaltung, die ehemalige Wohnkammer, zeigt im unteren und oberen Drittel eine Ausbuchtung, die nur an der Bauchseite des Tieres vorhanden war. Die hier nicht erkennbaren, noch zu Lebzeiten des Tieres angelegten Kalkausscheidungen in den Gehäusekammern sind i. d. R. auf der Bauchseite dicker als auf der Rückseite. Der teilweise aufgebrochene Gehäusekammerteil zeigt in der Mitte den zylinderförmigen Sipho. Er durchzieht – wie beim rezenten *Nautilus* – die einzelnen Kammern. Mit seiner Hilfe konnte das Tier zu Lebzeiten Flüssigkeit aus den, bzw. in die Kammern pumpen und so seinen Auftrieb, sprich Abstand zur Wasseroberfläche regulieren. Die weitgehend nur an der Bauchseite vorhandenen Kalkablagerungen der Kammern und die nur dorsale Färbung der Reste gelten als Beweis für horizontales Schwimmen bei dieser Familie. Der Antrieb erfolgte durch ein muskulöses Gebilde, den Trichter auf der Bauchseite, durch den Wasser ausgepreßt wurde, also eine Art von Rückstoßprinzip.

Kalkige Ablagerungen mit zahlreichen Überresten dieser Tiere werden als Orthocerenkalke bezeichnet. Es handelt sich vermutlich um Gehäuse, die durch Wasserströmungen verdriftet und in bestimmten Arealen angereichert wurden.

Die Grafik zeigt die Rekonstruktion eines Tieres der Gattung *Orthoceras*. Zickzackmuster auf dem Gehäuse wurden bei wenigen, gut erhaltenen Exemplaren nachgewiesen.

Foto: *Michelinoceras* sp. aus dem Ordovizium von Schweden, durch Gletscher während der Eiszeit nach Deutschland verfrachtet. Maximaler Ø 3 cm.

Rekonstruktion von *Orthoceras*

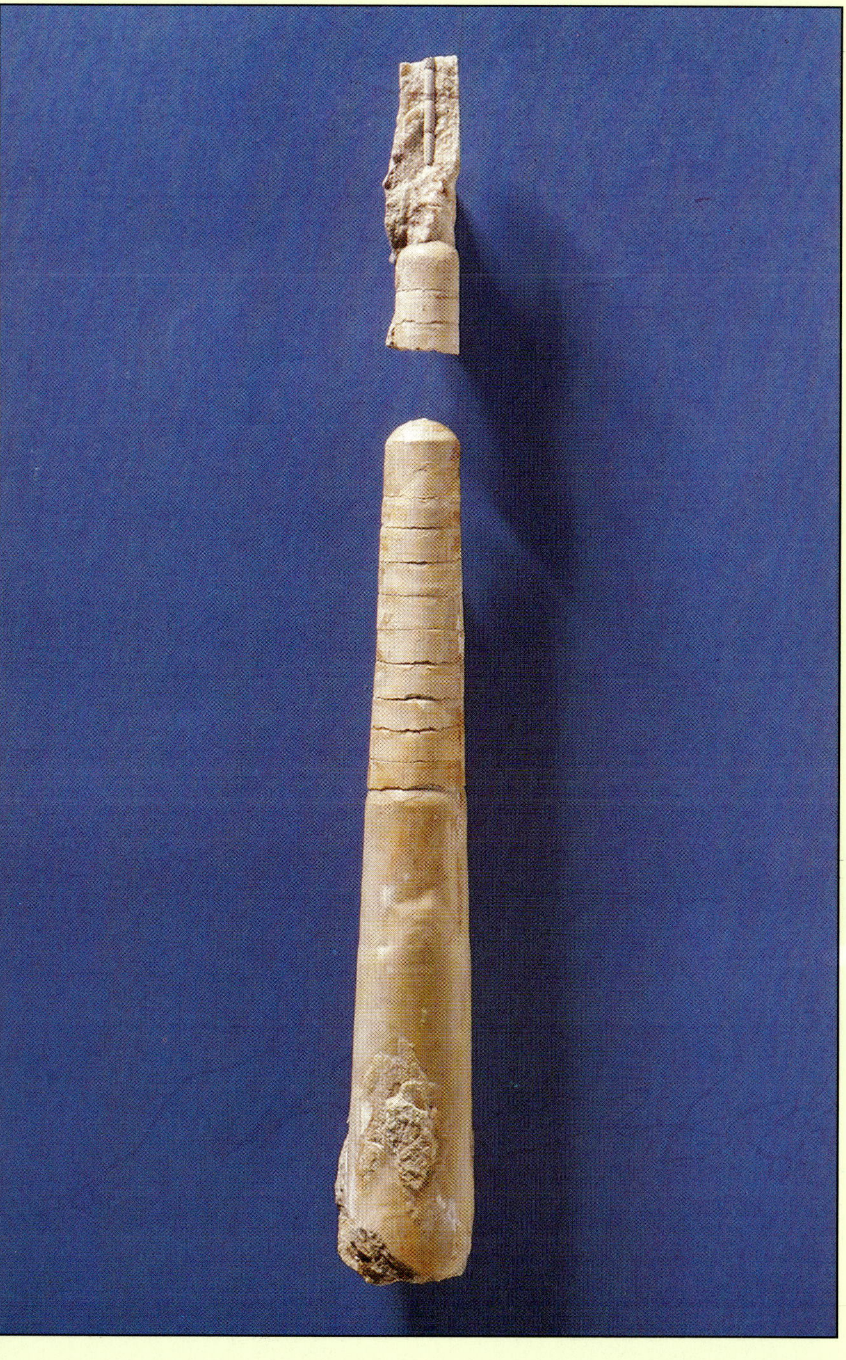

Pseudaganides

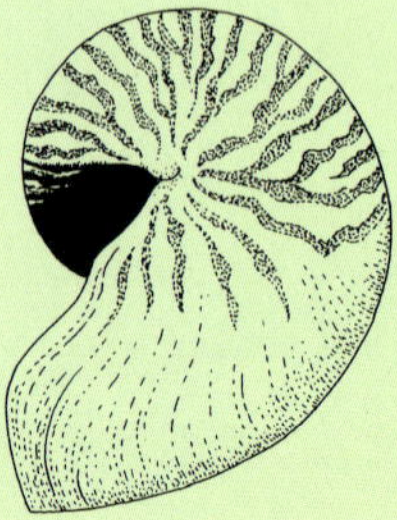

Nautilus, Gehäuse

Nautilus, Längsschnitt, Kammerung mit Resten des Sipho und großer Wohnkammer

U. Kl. Nautiloidea, Fam. Pseudonautilidae. **Merkmale:** Gehäuseform ähnlich dem rezenten *Nautilus,* jedoch eng genabelt. Gehäusequerschnitt gerundet-trapezförmig, die Flanken etwas abgeflacht. Rücken flach bis gerundet. Lobenlinie ohne Ventrallobus, aber mit tiefem, breitem Laterallobus. Sipho näher dem Rücken. **Vorkommen:** Jura. **Verbreitung:** Europa, Asien.

Mit dieser Gattung wird ein jurassischer Vertreter der Nautiloidea vorgestellt. Letztere sind schon aus dem Unteren Kambrium bekannt, doch ihre Hauptblütezeit war im Ordovizium. Die Zahl der Gattungen nahm während des Paläozoikum mehr und mehr ab, und an der Trias-/Perm-Grenze existierte nurmehr eine Gattung *(Cenoceras),* die zum Stammvater aller nachfolgenden Formen wurde. Der letzte noch lebende Vertreter dieser Gruppe ist die Gattung *Nautilus* mit 3 Arten. Gemäß der Orientierung am lebenden Tier ist das Gehäuse so eingerollt, daß die Bauchseite nach außen zeigt. Diese Art der Einrollung existierte seit der Obertrias.

Die paläozoischen Formen dagegen weisen sehr unterschiedliche Bauformen auf. Es gab geradegestreckte Gehäuse, aber auch gekrümmte oder in der Ebene eingerollte Formen, deren Windungen sich jedoch nicht berührten. Weiterhin sind Gattungen mit anfänglicher Einrollung und geradem Endstück bekannt, auch die räumliche Spirale – wie bei vielen rezenten Schnecken – wurde ausgebildet. Ein Großteil dieser Formen läßt sich nur bestimmen, wenn man die Lage des Siphos und den Bau des Siphonalapparates vorliegen hat. Zu diesem Zweck werden die Stücke angeschnitten und poliert, um Details zu erkennen (vgl. Grafik).

Zur Erforschung des Bauplanes der Nautiloidea ist natürlich die Anwesenheit eines lebenden Fossils, wie sie die Gattung *Nautilus* darstellt, besonders wichtig. Gerade die Untersuchung der Hartteile, speziell die des Siphonalapparates und Laborversuche mit lebenden Tieren konnten die bislang noch verschwommenen Vorstellungen über Auftriebsmechanismus und Tauchfähigkeit klären.

Foto: *Pseudaganides* sp. aus dem Weißjura von Neuburg an der Donau, Deutschland. Ø 11 cm.

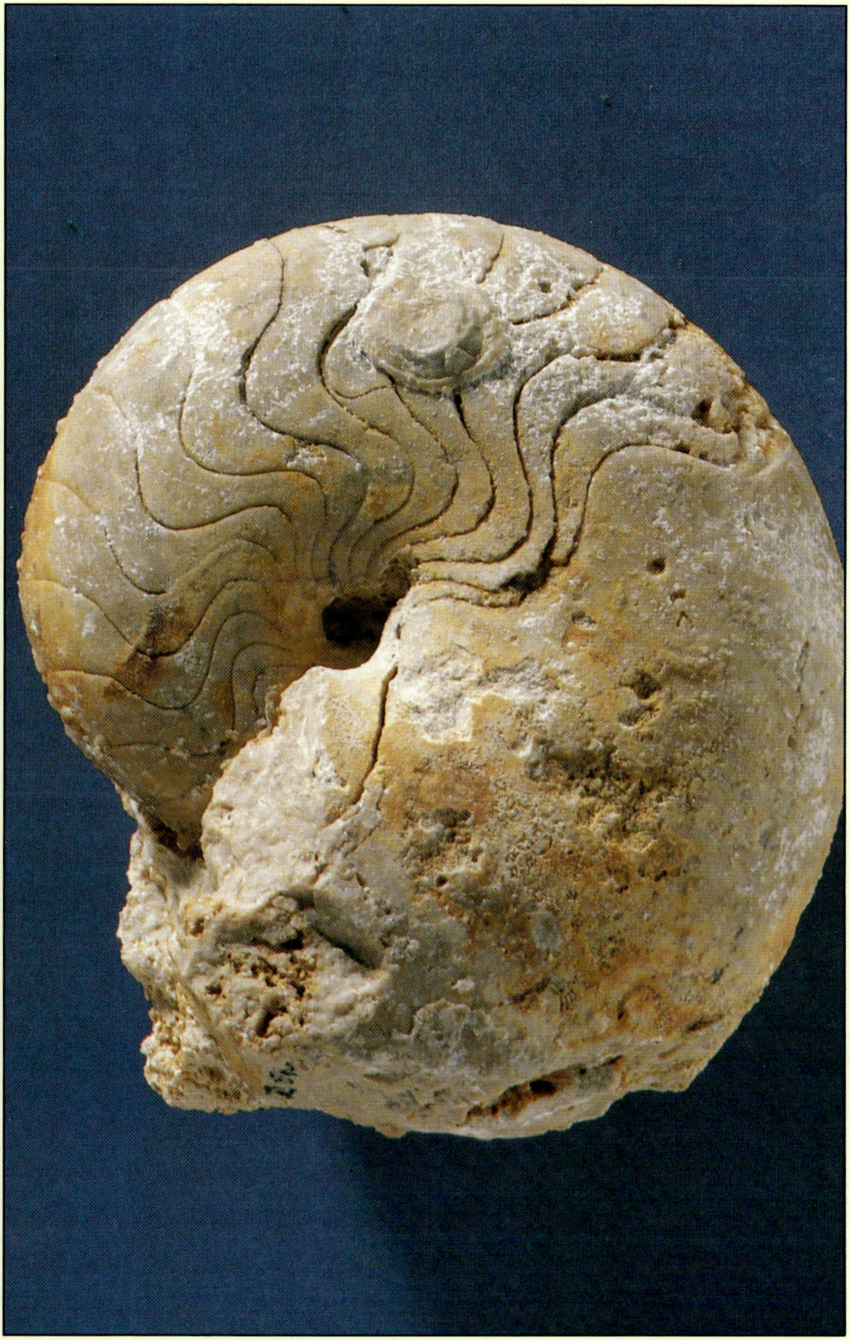

Cheiloceras

Ord. Goniatitina, Fam. Cheiloceratidae. **Merkmale:** Gehäuse involut, kleinwüchsig, dick scheibenförmig, ungeteilter Außenlobus und flacher Flankenlobus, bogenförmige Anwachsstreifen am Rücken zurückbiegend. **Vorkommen:** Oberdevon. **Verbreitung:** Europa, Nordafrika, Westaustralien.
Foten oben links: *Ch. verneuli* aus dem Oberdevon von Nehden, Deutschland. ⌀ 2,5 cm.

Imitoceras

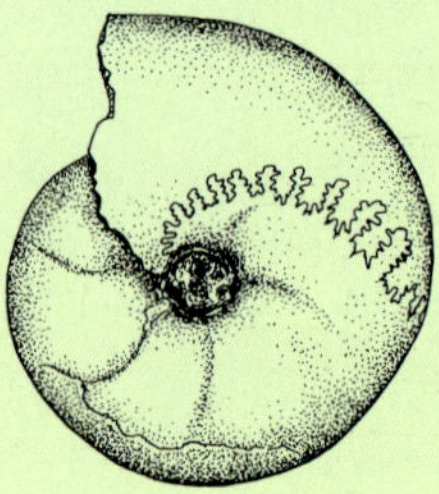

Cyclolobus mit Lobenlinie

Ord. Goniatitina, Fam. Cheiloceratidae. **Merkmale:** Scheibenförmiges bis kugeliges Gehäuse ohne Nabel; insgesamt 8 Loben, davon 3 sichtbar; Externlobus ungeteilt. **Vorkommen:** Oberdevon bis Mittleres Perm. **Verbreitung:** Europa, Asien, Nordafrika, USA.
Bei der Gruppe der Goniatitina (Mitteldevon bis oberes Perm) finden sich meist einfache (goniatitische) Lobenlinien (vgl. das Foto oben rechts), doch Endformen verschiedener Familien aus dem Oberkarbon und Perm zeigen bereits eine ammonitenähnliche Sutur, wie die Gattung *Cyclolobus* aus dem oberen Perm von Indien (s. Grafik).
Foto oben rechts: *I. rotatorium* aus dem Unterkarbon von Indiana, USA. ⌀ 8 cm.

Clymenia

Ord. Clymeniina, Fam. Clymeniidae. **Merkmale:** Gehäuse flach scheibenförmig aufgerollt, Windungen nur langsam an Höhe zunehmend, ohne Skulptur, nur mit feinen Anwachsstreifen. Sipho an der Internseite gelegen. Windungsquerschnitt elliptisch, mit gerundetem oder engem Rücken. Nur Lateral- und Internloben vorhanden. **Vorkommen:** Oberdevon. **Verbreitung:** Europa, fraglich in Westaustralien.
Die einfach gewellte Lobenlinie weist auf die Verwandtschaft mit Goniatitengattungen hin. Die Clymenien entstanden im unteren Oberdevon und stellen in Mitteleuropa eine beträchtliche Anzahl von Leitfossilien. Die Lobenlinie ist meist schlecht erhalten. Man nimmt an, daß sie in relativ flachem Meeresbereich lebten.
Foto unten: *C. laevigata* aus dem Oberdevon von Naila, Deutschland. ⌀ 6 cm.

Discoceratites

Ord. Ceratitina, Fam. Ceratitidae. **Merkmale:** Gehäuse relativ flach und diskusförmig, eng genabelt, mit hohem, spitz zulaufendem Windungsquerschnitt. Die zur Mündung hin verlaufenden Sättel der Lobenlinie einfach bogenförmig gehalten, die nach rückwärts gerichteten Loben an der Basis gezackt (vgl. Foto). Wohnkammer etwas weniger als einen halben Umgang erreichend. **Vorkommen:** Mitteltrias. **Verbreitung:** Deutschland, Frankreich.

Die Gattungen und Arten der Ceratiden sind wichtige Leitfossilien zur Gliederung des germanischen (kontinentalen) Oberen Muschelkalks. Gesteine dieses Ablagerungsbereiches lassen sich mit Hilfe der einzelnen Arten in Untere, Mittlere und Obere Ceratitenschichten unterteilen.

Foto oben: *D. semipartitus* aus dem Oberen Muschelkalk von Franken, Deutschland. Ø des Steinkernexemplares 11 cm.

Joannites

Ord. Ceratitina, Fam. Joannitidae. **Merkmale:** Involutes, scheibenförmiges Gehäuse mit glatter Oberfläche, Einschnürungen in regelmäßigen Abständen, ammonitische Lobenlinie mit zahlreichen Loben. **Vorkommen:** Mittel- bis Obertrias. **Verbreitung:** Alpen, Griechenland, Rumänien.

Foto unten links: *J. klipsteini* aus der Trias von Aussee, Österreich. Ø 9 cm.

Ptychites

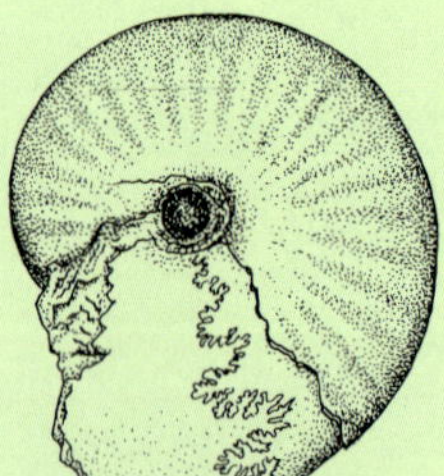

Ptychites oppeli mit Lobenlinie, Trias von Österreich

Ord. Ceratitina, Fam. Ptychitidae. **Merkmale:** Involutes, aufgeblähtes Gehäuse mit seitlichen Rippen oder Einschnürungen; engnabelig, mit steilem Nabelrand. Ammonitische Lobenlinie (vgl. Grafik). **Vorkommen:** Mittel- bis Obertrias. **Verbreitung:** U. a. Alpen, Balkan, Himalaya, Japan.

Foto unten rechts: *P. tibetanus* aus der Trias von Tibet. Ø 9 cm.

Phylloceras

Ord. Phylloceratina, Fam. Phylloceratidae. **Merkmale:** Gehäuse flach scheibenförmig, eng oder punktgenabelt, Mündungsquerschnitt hochoval, ohne Skulptur. Undeutliche Einschnürungen an den Innenseiten der Flanken möglich. Exemplare in Schalenerhaltung mit feinen Anwachsstreifen. Lobenlinien mit dreiblättrigen Sätteln. **Vorkommen:** Unterer Jura bis Untere Kreide. **Verbreitung:** Weltweit.

Der erste Teil des Gattungsnamens bezieht sich auf die blattförmige Aufspaltung der Lobenlinien (griech. »phyllos« = Blatt). Die Zahl dieser Loben ist bei Vertretern aus Trias und Lias noch relativ gering, kann aber bei Exemplaren im Dogger und Malm bis zu 36 betragen.

Foto: *Phylloceras* sp. aus dem Lias von Reutlingen, Deutschland. Ø des pyritisierten Steinkern-Exemplares 30 cm.

Hyphantoceras

Rekonstruktion in Lebendstellung

Ord. Lytoceratina, Fam. Nostoceratidae. **Merkmale:** Unregelmäßig aufgewundene Ammonitengattung, deren Wohnkammer ebenfalls unregelmäßig verläuft oder U-förmig gestaltet ist. Windungsquerschnitt kreisförmig oder oval. Berippung dicht; auf eine Anzahl von schwach ausgebildeten, schief verlaufenden, einfachen Rippen folgt meist eine dünne, ausgezogene mit 2–4 Knoten. **Vorkommen:** Turon bis Santon. **Verbreitung:** Nordeuropa, Nordafrika, Südindien, Neuseeland, Japan.

Hyphantoceras gehört zu den Ammoniten, deren Gehäuse oder deren Wohnkammer von der planspiralen Aufrollung abweicht, und die deshalb als Heteromorpha (Andersgestaltete) bezeichnet werden. Entrollte Formen und schneckenartige Gehäuse sind dabei häufig. Sie treten bereits in der Trias auf, doch war ihre Blütezeit im Obersten Jura und der Kreide. Als kurioseste Form gilt das Gehäuse von *Nipponites mirabilis* (Kreide von Japan), bei dem die Anfangswindungen noch planspiral verlaufen, die späteren Windungen jedoch in Knäueln verschlungen sind.

Foto: *Hyphantoceras* sp. aus der Oberkreide des Teutoburger Waldes, Deutschland. Höhe des unvollständig erhaltenen Exemplares 10 cm. Die Grafik zeigt eine andere Art dieser Gattung.

Aptychen

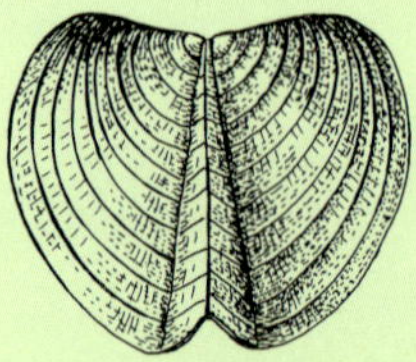

Cornaptychus

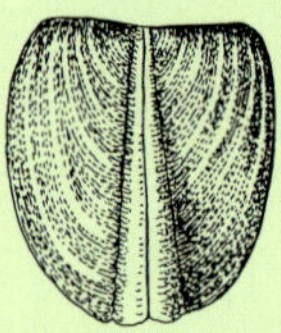

Striaptychus

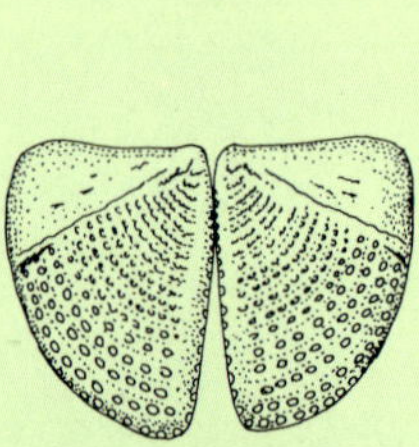

Granulaptychus

Merkmale: Kalzitische Gebilde, die bei paarweiser Erhaltung an Muschelklappen erinnern. Ihre Unterscheidung und Einteilung erfolgt nach Größe, Form, Skulptur und Feinbau. Oft im Zusammenhang mit Ammoniten gefunden, entweder die Mündung des Gehäuses bedeckend oder im Inneren. **Vorkommen:** Oberer Lias bis Oberkreide. **Verbreitung:** Weltweit.

Funde von Ammonitengehäusen, deren Wohnkammerbereich Aptychen enthielt, führten frühzeitig zur Deutung eines organischen Hartteils dieser Tiergruppe. Da in vielen Fällen die Aptychen bei paarweiser Erhaltung das Ende der Wohnkammer paßgerecht abschließen, wurden sie lange Zeit als Verschlußdeckel von Ammonitengehäusen angesehen. Bestärkt in dieser Annahme war man durch das Auftreten einer Kopfkappe am rezenten Nautilus, die bei zurückgezogenem Weichkörper wie ein Deckel auf der Gehäusemündung liegt. Erst seit neuerer Zeit wird ein Großteil der Aptychen als kalkiger Bestandteil des Ammonitenunterkiefers gedeutet, dem eine innere hornige Schicht (der sog. Anaptychus) aufliegt. Durch systematische Suche und glückliche Fundumstände (Erhaltung von schnabelförmigem Oberkiefer zusammen mit Aptychus und Anaptychus) wurde diese Deutung bei vielen Gattungen untermauert. Somit waren Aptychen nichts anderes als Anaptychen mit einer Kalkauflage. Letztere kennt man bereits aus oberdevonischen bis oberliassischen Ablagerungen. Die geringe Dicke der hornigen Schicht bei den Aptychen und deren schlechte Erhaltungsfähigkeit ließen zunächst keinen Zusammenhang zwischen beiden Teilen vermuten. Verschiedene Grundtypen der Aptychen entsprechen unterschiedlichen Familien der Ammonoideen (vgl. Fotos und Grafiken).

In eindeutigem Zusammenhang mit Ammoniten wurden bisher gefunden: Cornaptychus bei *Hildoceras, Harpoceras, Leioceras, Hecticoceras;* Striaptychus bei *Scaphites;* Granulaptychus bei Perisphinctiden; Lamellaptychus bei *Taramelliceras, Neochetoceras, Haploceras, Oppelia;* Laevaptychus bei *Aspidoceras* und *Hybonoticeras*

Foto oben: Abdruck und Steinkern der Gattung *Oppelia* mit innerhalb der Wohnkammer liegendem Lamellaptychus von 4 cm Länge aus dem Weißjura von Solnhofen, Deutschland.

Foto unten: Laevaptychus aus dem Weißjura von Eichstätt, Deutschland. Gesamtbreite 8 cm.

Scaphites

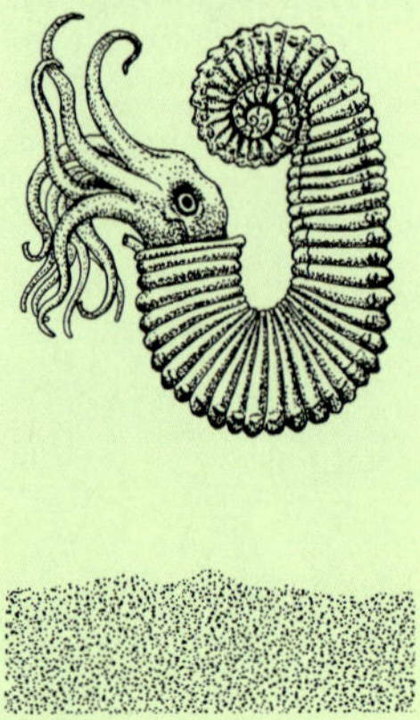

Rekonstruktion in Lebendstellung

Ord. Lytoceratina, Fam. Scaphitidae. **Merkmale:** Auffallendstes Merkmal dieser Gattung ist die hakenförmige, gekrümmte Wohnkammer, die an besser erhaltenen Exemplaren nie über das eingerollte Anfangsgehäuse übergreift. Gabelrippen oder auch zwischengeschaltete Rippen am aufgerollten Gehäuseteil, die sich teilweise an den Knoten treffen. Bis zu 2 Reihen von seitlichen Knoten am Schaft oder der Wohnkammer vorhanden. Mündung eingeschnürt und kragenartig gebaut. **Vorkommen:** Unter- bis Oberkreide. **Verbreitung:** Nordhalbkugel, Madagaskar, Queensland (Australien).

Wie *Hyphantoceras* gehört diese Gattung auch zu den Heteromorphen der Kreide. Aufgrund der nicht gerade strömungsdynamisch günstigen Aufrollung der Gehäuse nimmt man eine kriechende oder schwebende Lebensweise an (vgl. Grafik).

Foto oben: *Scaphites* in Schalenerhaltung aus der Oberkreide von Süddakota, Nordamerika. Länge des unvollständigen Exemplares 10 cm.

Arietites

Ord. Ammonitina, Fam. Arietitidae. **Merkmale:** Relativ kleinwüchsige Gehäuse mit sehr langsam zunehmender Windungsspirale; Windungsquerschnitt rundlich bis hochoval; Rippen gerade, aber an der Externseite nach vorne gebogen; ein ventraler Kiel mit zwei begleitenden Seitenfurchen kann mehr oder weniger deutlich ausgebildet sein. **Vorkommen:** Unterer Lias. **Verbreitung:** Europa, Nordafrika, Persien, Chile, Peru, Mexiko.

Alle typischen Vertreter dieser Familie besitzen am Rükken einen medianen Kiel, der zwischen 2 Furchen verläuft. Diverse Gattungen sind Leitfossilien des Unteren Lias.

Foto: *A. longidomum* aus dem Unteren Lias von Dettenhausen, Deutschland. Ø 14 cm.

Oxynoticeras

Ord. Ammonitina, Fam. Oxynoticeratidae. **Merkmale:** Ventral zugespitzt, eng genabelt, flach scheibenförmig, Oberfläche glatt oder feine, an der Naht gegabelte Rippen. **Vorkommen:** Unterer Lias. **Verbreitung:** U. a. Europa, Nordafrika.

Foto unten rechts: *Oxynoticeras* aus dem Lias von Nürtingen, Deutschland. Ø 8 cm.

Acanthopleuroceras

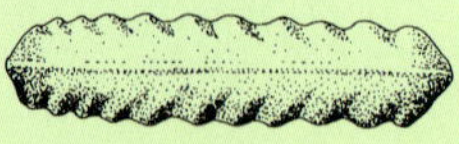

Externseite

Ord. Ammonitina, Fam. Polymorphitidae. **Merkmale:** Gehäuse mäßig weit genabelt, deutlicher Kiel; Windungen mit gerundet-quadratischem Querschnitt; an beiden Enden verdickte Rippen (vgl. Grafik und Foto) nur auf die Flanken beschränkt. **Vorkommen:** Mittlerer Unterlias. **Verbreitung:** Europa.
Foto oben links: *A. maugenesti* aus dem mittleren Unterlias von Nürtingen, Deutschland. Ø 10 cm.

Amaltheus

Ord. Ammonitina, Fam. Amaltheidae. **Merkmale:** Perlschnurartig gekieltes Gehäuse mit mäßig weitem Nabel, Rippen S-förmig gebogen. **Vorkommen:** Unterer Lias. **Verbreitung:** U. a. Europa, Nordafrika, Kaukasus, Sibirien.
Foto oben rechts: *A. subnodosus* aus dem Unteren Lias von Reutlingen, Deutschland. Ø 4,5 cm.

Pleuroceras

Ord. Ammonitina, Fam. Amaltheidae. **Merkmale:** Gehäuse mäßig weit genabelt, mit perlschnurartigem Kiel, Windungsquerschnitt gerundet-quadratisch, S-förmige Rippen oft mit Knoten an der Außenflanke. **Vorkommen:** Unterer Lias. **Verbreitung:** Europa, Nordafrika.
Foto unten links: *P. solare* aus dem Unteren Lias von Aalen, Deutschland. Ø 3 cm.

Dactylioceras

Ord. Ammonitina, Fam. Dactylioceratidae. **Merkmale:** Scheibenförmiges, weit genabeltes Gehäuse mit einfachen oder gabelnden Rippen, gerade über den Rücken ziehend oder in Mündungsrichtung geneigt. **Vorkommen:** Oberer Lias. **Verbreitung:** U. a. Europa, Nordafrika, Japan.
Foto unten rechts: *D. athleticum* aus dem Oberen Lias von Franken, Deutschland. Ø 7 cm.

Hildoceras

Ord. Ammonitina, Fam. Hildoceratidae. **Merkmale:** Gehäuse mäßig genabelt, mit medianer Furche auf den Flanken; gebogene Rippen zwischen Furche und Rükken, dessen Kiel von 2 Furchen begleitet wird. **Vorkommen:** Oberer Lias. **Verbreitung:** U. a. Europa, Nordafrika, Persien.

Foto oben links: *H. bifrons* aus dem Oberen Lias von Yorkshire, Großbritannien. Ø 6 cm.

Grammoceras

vermutete Schweb- und Schwimmstellung

Ord. Ammonitina, Fam. Hildoceratidae. **Merkmale:** Scheibenförmiges, weitgenabeltes Gehäuse mit hohem Mündungsquerschnitt, S-förmige Rippen am Rücken von deutlichem Kiel unterbrochen. **Vorkommen:** Oberer Lias. **Verbreitung:** U. a. Europa, Nordafrika, Kaukasus.

Die Unterfamilie der Grammoceratinen ist vom Oberen Lias bis zum Mittleren Dogger weltweit vertreten. Neben deutlich berippten Formen sind auch Gattungen mit schwacher Rippenskulptur bekannt.

Foto oben rechts: *G. saemanni* aus dem alpinen Lias, Österreich. Ø 9 cm.

Leioceras

Ord. Ammonitina, Fam. Graphoceratidae. **Merkmale:** Enggenabeltes, flach diskusförmiges Gehäuse mit spitz zulaufendem Rücken, Oberfläche glatt oder mit S-förmigen Rippen, Mündung mit Ohren. **Vorkommen:** Unterer Dogger. **Verbreitung:** U. a. Europa, Nordafrika, Anatolien.

Foto unten links: *L. opalinum* aus dem Dogger von Salzgitter, Deutschland. Ø 7 cm.

Glochiceras

Ord. Ammonitina, Fam. Haploceratidae. **Merkmale:** Kleine, flache, enggenabelte Gehäuse mit meist glatter oder schwach berippter Oberfläche, Furche in der Mitte der Flanken; ohrenartige Fortsätze der Mündung. **Vorkommen:** Oxford bis Kimmeridge (Malm). **Verbreitung:** Europa, UdSSR, Mexiko, Japan.

Foto unten rechts: *G. lingulatum* aus dem Oxford von Franken, Deutschland. Ø 3 cm.

Hecticoceras

Ord. Ammonitina, Fam. Oppeliidae. **Merkmale:** Flaches, scheibenförmiges Gehäuse mit Rückenkiel; Einfachrippen mit Knoten auf der Außenflanke, davon abspaltende gebogene Rippen. **Vorkommen:** Unteres Callovium (Oberer Dogger). **Verbreitung:** U. a. Europa, Nordafrika.
Foto oben links: *H. quenstedti* aus dem Unteren Callovium von Bad Boll, Deutschland. Ø 3 cm.

Taramelliceras

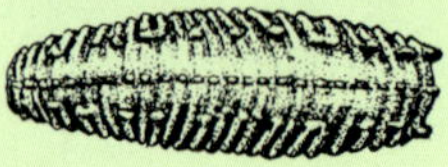

Externseite

Ord. Ammonitina, Fam. Oppeliidae. **Merkmale:** Enggenabeltes, involutes Gehäuse mit stumpfem oder breitem Rücken, auf den Flanken Spaltrippen mit knotigen Enden (s. Grafik); Rücken mit einer Knotenreihe. **Vorkommen:** Oberjura. **Verbreitung:** U. a. Europa, Afrika.
Foto oben rechts: *T. trachinotum* aus dem Weißjura von Hossingen, Deutschland. Ø 7 cm.

Stemmatoceras

Ord. Ammonitina, Fam. Stephanoceratidae. **Merkmale:** Kronenähnliches Gehäuse, weitgenabelt, Windungen nur langsam an Höhe zunehmend und im Querschnitt gleichseitig trapezförmig. Flanken steil zum Nabel abfallend und mit ausgeprägten, einfachen Rippen besetzt, die am Übergang zum Rücken knotenartig verdickt sind. Jeder Knoten Ausgangspunkt von weiteren (2 bis 5) über den Rücken ziehenden Rippen. **Vorkommen:** Mittleres Bajocien. **Verbreitung:** U. a. Europa, Kaukasus, Westaustralien, Kanada.
Foto unten links: *S. coronatum* aus dem Mittleren Bajocien (Dogger) von Goslar, Deutschland, in weißer Schalenerhaltung. Ø 11 cm, Breite 7 cm.

Macrocephalites

Ord. Ammonitina, Fam. Macrocephalitidae. **Merkmale:** Involute, große bis sehr große Formen, eng und tief genabelt, Windungen mit scharf ausgeprägten Rippen, die sich an den Flanken in Nabelnähe gabeln und ohne Unterbrechung über den Rücken ziehen. Glatte Wohnkammer. **Vorkommen:** Unteres Callovium. **Verbreitung:** U. a. Europa, Nordafrika, Rußland, Madagaskar, Neuguinea.
Foto unten rechts: *M. macrocephalus* aus dem Callovium (Dogger) von Caen, Frankreich; Exemplar in Steinkernerhaltung. Ø 18 cm.

Kosmoceras

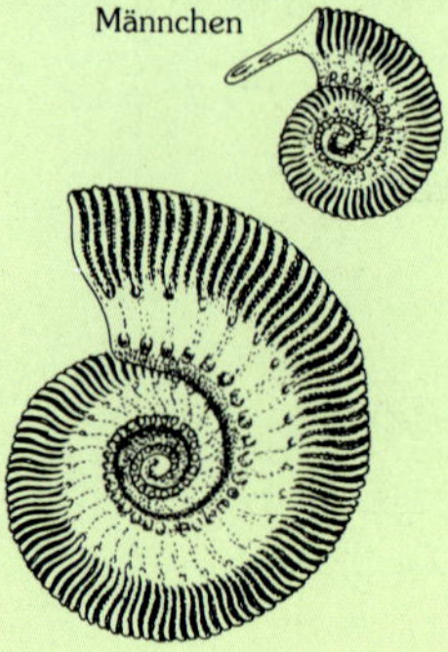

Ord. Ammonitina, Fam. Kosmoceratidae. **Merkmale:** Flach-scheibenförmiges, mäßig weitgenabeltes Gehäuse mit abgeflachtem Rücken. Rippen in Nabelnähe und Mitte der Flanke an Knoten spaltend, S-förmig geschwungen, Rippenende mit Knoten. **Vorkommen:** Unteres Callovium. **Verbreitung:** Weltweit.

Bereits 1869 wurden bei Aufsammlungen in aufeinanderfolgenden Gesteinsschichten 2 deutlich verschiedene Größen bei ausgewachsenen Ammoniten festgestellt. Die Gehäuse waren zwar in der Skulptur sehr ähnlich, unterschieden sich aber auch in der Gestalt der Gehäusemündung; bei den kleineren Formen traten Ohren an der Gehäusemündung auf (vgl. Grafiken). Neuere Funde mit fossil erhaltenen Eiern in der Wohnkammer der großen Gehäuse deuten darauf hin, daß es sich hier um Weibchen handelt.

Foto oben links: *K. jason* aus dem Unteren Callovium von Württemberg, Deutschland. Ø 4 cm.

Cawtoniceras

Ord. Ammonitina, Fam. Cardioceratidae. **Merkmale:** Kleinwüchsiges, dick-scheibenförmiges Gehäuse mit scharfem, perlschnurartigem Kiel; kräftige Einfachrippen, die sich auf der Flankenmitte teilen und vor dem Rückenkiel enden. **Vorkommen:** Oberjura. **Verbreitung:** Europa, Kanada.

Foto oben rechts: *C. cawtonense* aus dem Oxfordium (Unterer Malm) von Blumberg, Deutschland. Ø 5 cm.

Parkinsonia

Ord. Ammonitina, Fam. Parkinsonidae. **Merkmale:** Flach-scheibenförmiges, weitnabeliges Gehäuse; Rippen nach vorne gebogen, zum Rücken hin in 2 Äste gespalten, dort durch schmales glattes Band unterbrochen. **Vorkommen:** Oberes Bajocien bis Unteres Bathonium. **Verbreitung:** U. a. Europa, Nordafrika.

Foto unten links: *P. ferruginea* aus dem Bajocien (Dogger) von Bayeux, Frankreich. Ø 11 cm.

Reineckeites

Ord. Ammonitina, Fam. Reineckiidae. **Merkmale:** Dick-scheibenförmiges, weitnabeliges Gehäuse; Einfachrippen gabeln auf der Flankenmitte in 2 Äste, die am Rücken durch eine schmale, glatte Furche unterbrochen sind. **Vorkommen:** Oberes Callovium. **Verbreitung:** U. a. Europa, Nordafrika, Himalaya.

Foto unten rechts: *Reineckeites* aus dem Oberen Callovium (Dogger) von Bad Boll, Deutschland. Ø 5 cm.

Orthosphinctes

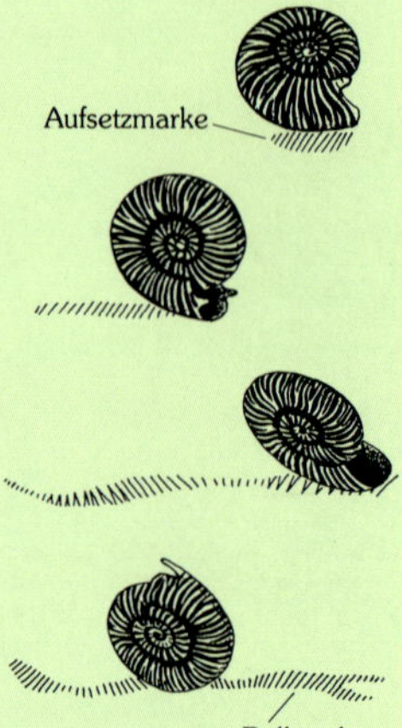

Ord. Ammonitina, Fam. Perisphinctidae. **Merkmale:** Kleine bis mittelgroße Gehäuse mit weitem Nabel; Windungsquerschnitt gerundet oder gerundet-quadratisch; Rippen einfach oder hoch auf den Flanken in 2 Äste aufspaltend, die ohne Unterbrechung über den Rücken ziehen; Mündung eingeschnürt mit kleinen, ohrenförmigen Fortsätzen. **Vorkommen:** Oberes Oxford bis ? Unteres Kimmeridge. **Verbreitung:** U. a. Europa, Kenia, Anatolien, Kuba.

Die frühesten Arten der Überfamilie sind aus dem Mittleren Bajocien von Südamerika und Alaska bekannt. Wie bei vielen Arten der Ammonoidea sind auch hier unterschiedliche Gehäuseformen der Geschlechter ausgebildet. Die Schalen der weiblichen Tiere sind größer und breiter als die der männlichen.

Orthosphinctes: Bekannt aus den Solnhofener Schichten des Oberjura sind Aufsetz- und Rollmarken von Perisphinctiden. Sie entstehen beim Aufsetzen oder Abrollen der eingeschwemmten Gehäuse, die im feinen Kalkschlamm ihre Skulptur hinterlassen. In besonderen Fällen der Erhaltung lag am Ende der Abrollmarken das Gehäuse des Ammoniten (vgl. Grafiken).

Foto oben: *Perisphinctes (Orthosphinctes) polygyratus* aus dem Weißjura von Weißenburg, Deutschland. Ø 10 cm.

Ataxioceras

Ord. Ammonitina, Fam. Perisphinctidae. **Merkmale:** Flach-scheibenförmiges, mäßig weitgenabeltes Gehäuse, hochmündig, unregelmäßige Einschnürungen; Rippenspaltung möglich nahe der Flankenmitte, jedoch immer an der Außenflanke, Rippen ohne Unterbrechung über den Rücken laufend. **Vorkommen:** Unteres Kimmeridge. **Verbreitung:** U. a. Europa, Kaukasus, Persien.

Foto unten links: *A. eudiscinum* aus dem Unteren Kimmeridge (Malm) von Nusplingen, Deutschland. Ø 11 cm.

Idoceras

Ord. Ammonitina, Fam. Perisphinctidae. **Merkmale:** Flaches, scheibenförmiges Gehäuse, weitnabelig; Windungen an Größe langsam zunehmend, einfache Rippen, in Rückennähe in zwei weitere aufspaltend. **Vorkommen:** Oberes Oxford bis Unteres Kimmeridge. **Verbreitung:** U. a. Europa, Nordafrika.

Foto unten rechts: *I. planula* aus dem Malm von Franken, Deutschland. Ø 10 cm.

Aulacostephanus

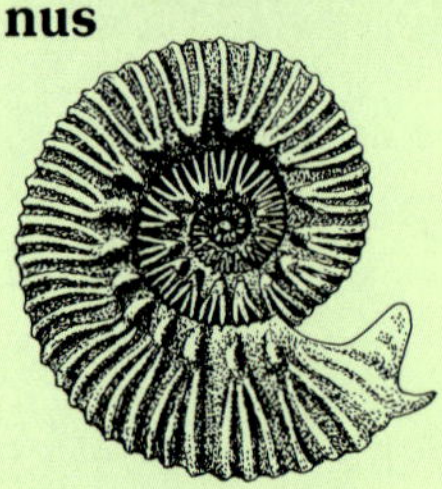

Gehäuse mit sog. Ohren an der Mündung

Ord. Ammonitina, Fam. Perisphinctidae. **Merkmale:** Relativ flaches Gehäuse mit hoher Mündung; Rippen von der Naht zu den Flanken knotenartig verdickt, davon je 4–6 Rippen abspaltend, die am Rücken durch ein glattes Band unterbrochen sind. **Vorkommen:** Unteres Kimmeridge. **Verbreitung:** U. a. Europa.

Die Gattung *Aulacostephanus* stellt im Weißen Jura von Rußland und Süddeutschland zahlreiche Leitfossilien. Die sog. Ohren an der Gehäusemündung (s. Grafik) werden neuerdings als Ansatzstellen von speziell ausgebildeten seitlichen Fangarmen gedeutet.

Foto oben rechts: *A. eudoxus* aus dem Malm von Franken, Deutschland. Ø 6,5 cm.

Rasenia

Ord. Ammonitina, Fam. Perisphinctidae. **Merkmale:** Dick-scheibenförmig, mäßig weit, aber tief genabelt, nabelwärts Rippen kantig, dann in 3–4 Äste aufspaltend, die über den Rücken ziehen. **Vorkommen.** Unteres Kimmeridge. **Verbreitung:** U. a. Europa, Nordafrika, UdSSR.

Foto oben links: *R. trimera,* Weißjura von Beringen, Deutschland. Ø 6 cm. Breite 3 cm.

Sutneria

Ord. Ammonitina, Fam. Perisphinctidae. **Merkmale:** Klein, involut, kantige Aufrollung; Rippen verdichten auf der Außenflanke zu Knoten, von denen sich 3–4 über den Rücken ziehende Rippen abspalten; Mündung mit ohrenförmigen Fortsätzen. **Vorkommen:** Unteres Kimmeridge. **Verbreitung:** U. a. Europa, Persien, Mexiko.

Foto unten links: *S. platynota,* Weißjura von Weißenburg, Deutschland. Ø 2,5 cm.

Parapeltoceras

Ord. Ammonitina, Fam. Aspidoceratidae. **Merkmale:** Dick-scheibenförmiges Gehäuse, weitnabelig; Windungshöhe langsam zunehmend. Einfachrippen in Flankennähe in 2 Äste spaltend und über den Rücken ziehend. **Vorkommen:** Oberer Dogger. **Verbreitung:** Deutschland.

Foto unten rechts: *P. broilii,* Dogger von Bad Boll, Deutschland. Ø 3,5 cm.

Aspidoceras

Ord. Ammonitina, Fam. Aspidoceratidae. **Merkmale:** Mäßig weit aufgerolltes Gehäuse mit weitem und tiefem Nabel; Mündungsquerschnitt i. d. R. gerundet-quadratisch, die Flanken mit kurzen, geraden Rippen, die zum Rücken und zum Nabel in verdickten Knoten enden. Rücken immer gerundet und ohne Kiel. **Vorkommen:** Oberer Dogger bis Unterer Weißjura. **Verbreitung:** U. a. Europa, Nordafrika, Kaukasus, Persien, Mexico, Kuba, Chile.

Diese Überfamilie ist vom Oberen Callovien bis Tithon weltweit verbreitet. Manche Arten besitzen bis zu 4 cm lange, an den Rippenknoten ansitzende Stacheln. Der nur bei Aspidoceraten in dieser Form ausgebildete Kieferapparat des Laevaptychus ist auf S. 47 abgebildet.

Foto: *A. (Euaspidoceras) hypselum,* überliefert als ein Steinkernexemplar, Malm von Balingen, Deutschland. Ø 11 cm, Breite 5 cm.

Douvilleiceras

Ord. Ammonitina, Fam. Douvilleiceratidae. **Merkmale:** Gehäuseform variabel, mit rundem, vieleckigem oder flachem Windungsquerschnitt. Rippen der Anfangswindungen zunächst mit Stacheln an der Rückenflanke und in Nabelnähe, dann unterschiedliche Knotenbildung, die an den Endwindungen wieder verschwindet. **Vorkommen:** Unterkreide. **Verbreitung:** U. a. Europa, Madagaskar, Indien, USA, Kolumbien.

Wegen der Ablösung der Wohnkammer und ihrer komplizierten Lobenlinie wird die Gattung zu den Heteromorphen gestellt. Ammoniten dieser Art, deren Windungsform von der normalen Aufrollung in einer Ebene abweicht, sind auch aus der Oberen Trias und dem Dogger bekannt.

In die Verwandtschaft von *Douvilleiceras* (gleiche Überfamilie: Desmocerataceae) gehört die Familie Pachydiscidae. Es handelt sich um große, aufgeblähte Gehäuse mit gerundetem Rücken. Skulptur variabel, mit kräftigen, manchmal knotentragenden Einfach- oder Spaltrippen, die über den Rücken ziehen. Der bekannteste Vertreter dieser Familie ist der größte bisher bekanntgewordene Ammonit, *Parapuzosia seppenradensis,* aus der Oberkreide von Seppenrade in Westfalen, mit einem ursprünglichen Durchmesser von 2,55 m (vgl. Grafik).

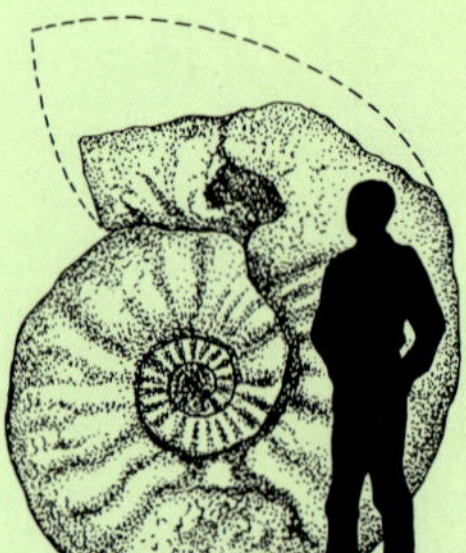

Größenvergleich

Foto: *D. albense* aus der Unterkreide von Dieuville, Frankreich. Gehäuse-Ø des unvollständig erhaltenen Exemplares ohne Wohnkammer 8 cm, Mündungsbreite 4 cm.

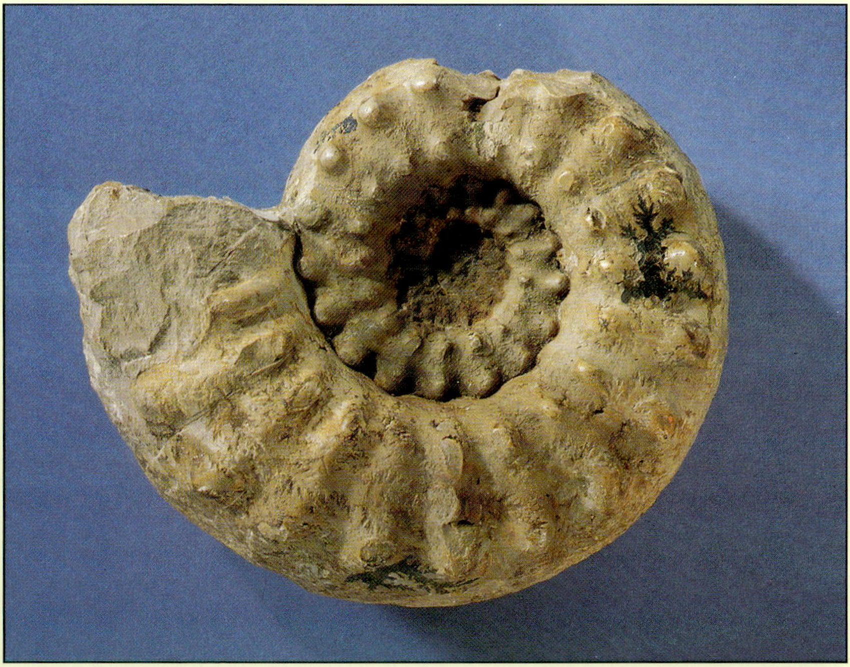

Placenticeras

Ord. Ammonitina, Fam. Placenticeratidae. **Merkmale:** Im adulten Stadium mittelgroße bis große Gehäuse mit engem Nabel und hohen, leicht konvexen Flanken; letzter Umgang oft mit abgerundetem Rücken; komplizierte Lobenlinie mit extremer Verfältelung. Jugendstadien dieser Gattung besitzen einen abgeflachten Rükken mit beidseitigen Knoten und zusätzlich Knoten in Nabelnähe, die im Verlauf des Wachstums auf die Flanken überwechseln können. **Vorkommen:** Höhere Oberkreide. **Verbreitung:** Frankreich, Deutschland, Polen, Madagaskar, Südindien, USA, Mexiko.

Die extrem verfältelte Lobenlinie mit in sich unterteilten Loben und Sätteln weist die Gattung *Placenticeras* als typischen Ammoniten der Kreide aus. Dieser Form verdanken wir auch Hinweise auf mögliche Feinde dieser Tiere. Ein 30 cm großes Exemplar aus der Oberkreide von Süddakota, dessen Wohnkammer beschädigt war, weist auf der Schale Bißspuren auf (s. Grafik). Genaue Rekonstruktionen der Bißmarken erbrachten den Nachweis, daß ein Mosasaurier – eine räuberische Meeresechse – versucht hatte, den Ammoniten zu verschlingen.

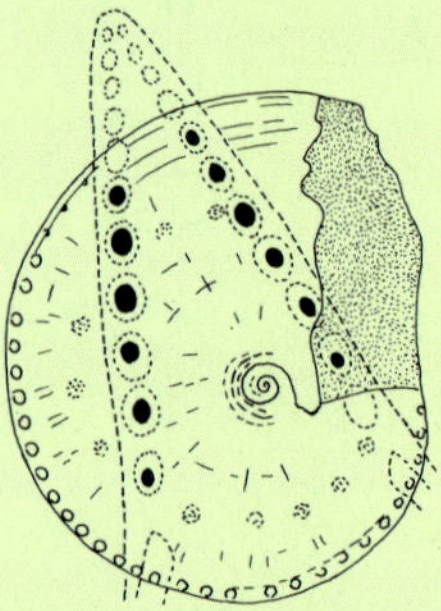

Bißmarken eines Mosasaurier auf dem Gehäuse

Für das Aussterben der Ammoniten am Ende der Kreidezeit sind sehr viele spektakuläre und wenig fundierte Theorien herangezogen worden. Dabei wird meist vergessen, daß dieses Aussterben nicht ein schlagartiges Ereignis war, sondern ein langsamer Prozeß mit einer steten Abnahme von Gattungen und zunehmender Artenarmut der Ammonitenfaunen während der Dauer der gesamten Kreidezeit (Millionen Jahre). Mit den Meeresregressionen ging ein Großteil der Räume verloren, die von benthonisch lebenden Ammoniten besiedelt waren. Doch trifft dies nur bei einem Teil der Gruppe zu. Spezielle Abhängigkeiten für die gesamte Gruppe – etwa als Glieder in einer fossilen Nahrungskette – sind schwierig nachzuvollziehen. Mit dem Ende der Kreidezeit sind marine Räuber, die sich auf Ammoniten spezialisiert hatten, ebenfalls ausgestorben. Doch könnte eine zunehmende Anzahl von neu auftretenden Räubern, wie moderne Knochenfische, Dibranchiaten und fleischfressende Neogastropoden, den Untergang der Ammoniten verursacht haben.

Foto: *P. meeki* aus der Oberkreide von Süddakota, USA. Ø 24 cm. Die gut erhaltene, weiße Perlmuttschicht wurde weggeschliffen, um die Verfältelung der Kammerscheidewände zu zeigen.

Hibolites

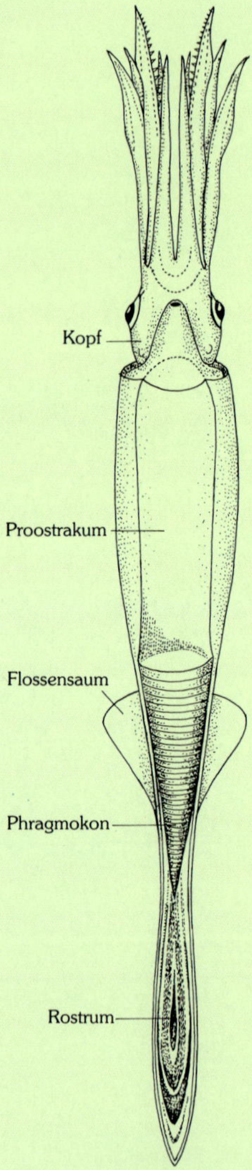

Rekonstruktion mit Weichteilen

Ord. Belemnitida. **Merkmale:** Rostrum langgestreckt, von keuliger bis lanzettlicher Form; Seitenfurchen und eine laterale Furche, die vom Öffnungsrand weit in Richtung Spitze reicht. Phragmokonuslänge etwa ¼ der Rostrumlänge. **Vorkommen:** Mittlerer Dogger bis Oberer Malm. **Verbreitung:** U. a. Mitteleuropa.

Unter Coleoideen versteht man Tintenfische, bei denen ein Teil des äußeren Gehäuses durch Gewebe ersetzt, und die Schale in den Weichkörper verlagert wurde. Bei den Belemniten gliedert sich dieser i. d. R. gerade verlaufende Hartteil in Rostrum, Phragmokon und Proostrakum (vgl. Grafik), wobei meist die Rostren wegen ihrer Verkalkung am häufigsten überliefert sind. Das Proostrakum ist seiner Funktion nach mit der Wohnkammer der Ammoniten vergleichbar, doch war es nur auf der Rückenseite des Belemnitentieres als dünnes, chitiniges Blatt ausgebildet. Hinter dem Proostrakum folgt der Phragmokon, der mit seiner Kammerung dem hinter der Wohnkammer gelegenen Gehäuseteil der Ammoniten entspricht. Als spitzkegelförmiger Hohlraum wird er von einem Sipho durchzogen und ist mit der Kegelspitze in das Rostrum eingesenkt. Für die Systematik sind Größe, Form und Feinbau des Rostrums von Bedeutung. Furchen am Rostrum werden als Ansatzstellen von Flossensäumen gedeutet.

Vermutlich waren die Belemniten in Schwärmen auftretende Tiere ähnlich den heute lebenden Kalamares. Neben kleinen Formen sind aus Dogger und Lias Exemplare mit einem Rostrum über 1½ m Länge bekannt.

Gerade die Form der Belemniten war in früheren Zeiten der Anlaß zu den kuriosesten Deutungen ihrer Entstehung. Unter der Bezeichnung »Albschoß« galten sie als Geschosse der Elfen, als »Hexenpfeile« waren sie Instrumente des Bösen. Werdende Mütter trugen sie als Abwehrzauber gegen das Versiegen der Muttermilch. Auch hielt man sie für Donnerkeile, die der nordische Gott Donar zur Erde schleuderte. Eine fingerförmige Form wiederum führte zur Bezeichnung »Teufelsfinger«.

Foto oben: *Belemnitella mucronata* aus der Oberkreide von Itzehoe, Deutschland. Länge 8 cm. Darunter 2 Exemplare von *Hibolites semihastatus* aus dem Dogger von Bad Boll, Deutschland. Länge 16 cm.

Foto unten: Längsschnitt durch *Hibolites* sp. aus dem Weißjura von Treuchtlingen, Deutschland. Länge mit Phragmokon 11 cm.

Serpula

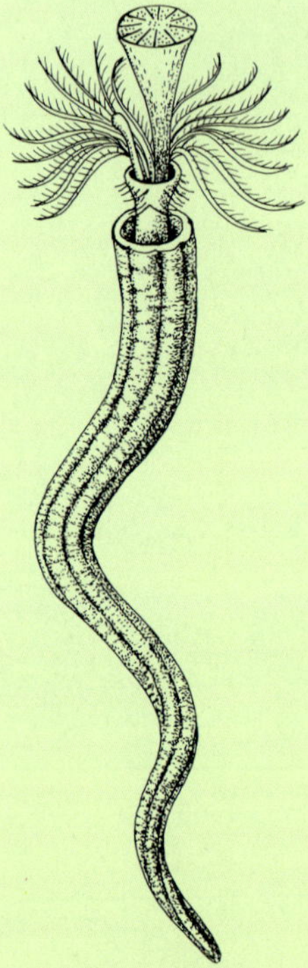

Rekonstruktion
mit Weichteilen

Ord. Sedentaria, Fam. Serpulidae. **Merkmale:** Querschnitt kreisrund oder dreieckig, meist gekielt, mit mehr oder weniger deutlicher Querrunzelung. Anfangsbereich ganz oder teilweise eingerollt, oder in ganzer Länge aufgewachsen. Gilt als Sammelgattung. **Vorkommen:** Oberer Perm – rezent. **Verarbeitung:** Weltweit.

Es handelt sich dabei um die aus Kalziumkarbonat bestehenden Wohnröhren von festsitzenden Polychaeten (einer Gruppe von Ringelwürmern). Während bei den heute lebenden Vertretern die Bestimmungsmerkmale auf den Weichkörper beschränkt sind, bleibt – mit wenigen Ausnahmen – für die fossilen Formen lediglich der Grob- und Feinbau des Gehäuses. Kennzeichnend sind Querschnittsform und Skulpturierung. Im Querschnitt zeigt sich eine dünnere innere und eine dicke äußere, in konzentrischen Lagen angeordnete Schicht im Verhältnis 0,5 zu 1. Der Wurm bewohnt lediglich den vorderen Teil seines Gehäuses. Der hintere, nicht bewohnte Bereich kann durch Querböden abgegrenzt sein. In seltenen Fällen sind bei einigen Formen Gehäusedeckel vorhanden, die auch fossil überliefert sein können.

Wie rezente Beobachtungen zeigen, bevorzugen die Würmer eine feste Unterlage um sich anzuheften. Dazu zählen auch leere oder noch bewohnte Schalen und Gehäuse von marinen Lebewesen, wie Muscheln oder Schnecken. Oft sind die Gehäuse von älteren Exemplaren durch aufsitzende Bewohner wie Bryozoen, Serpuliden oder Kalkalgen so dicht besiedelt, daß die Oberseite total verdeckt ist. Im Weißjura von Nordwestdeutschland sind im Gestein die Kalkröhren von Serpuliden so massenhaft enthalten, daß die Gesteine als Serpulit bezeichnet werden.

Foto: Gehäuse von *Serpula* sp. auf einem Belemnitenrostrum *(Megatheutis)* aus dem Dogger von Bad Boll, Deutschland. Ø der *Serpula*-Gehäuse maximal 0,3 cm.

Agnostus

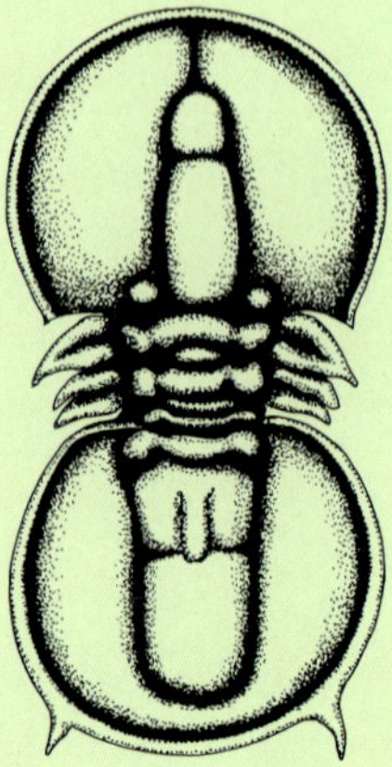

vollständiger Panzer

Kl. Trilobita, Ord. Agnostida. **Merkmale:** Kleinwüchsige Gattung, deren Kopf- und Schwanzschild annähernd gleich gebaut sind (vgl. Grafik). Vor der zweigeteilten Glabella verläuft eine Längsfurche. Die Achse des Pygidiums zeigt 3 Loben. Der Thorax besteht lediglich aus 2 Segmenten. **Vorkommen:** Oberkambrium. **Verbreitung:** Europa, Nordamerika, Sibirien, China und Australien.

Diese maximal bis zu 2 cm Körperlänge erreichenden Trilobiten sind im Oberkambrium ausgezeichnete Leitfossilien. Als augenlose Formen nimmt man für sie eine im Sediment grabende oder planktonische Lebensweise an. Ihre Nahrung bestand vermutlich aus Kleinstlebewesen. Im Gegensatz zu anderen Trilobitenfamilien waren keine Gesichtsnähte vorhanden. Letztere dienten als vorprogrammierte Rißzonen, die die Häutung der Arthopoden erleichterten. Für die Annahme einer parasitischen Lebensweise aufgrund ihrer flachen Körperform konnten bisher keine paläontologischen Beweise erbracht werden.

Foto: Anhäufung von Kopf- und Schwanzschildern von *A. pisiformis* aus oberkambrischen Kalken Schwedens. Länge eines Schildes etwa 4 mm. Da auf diesem Gesteinsstück nur Kopf- oder Schwanzschilder überliefert sind, Thoraxelemente aber fehlen und auch kein vollständiges Exemplar vorliegt, ist anzunehmen, daß es sich um Häutungsreste dieser Gattung handelt.

Ellipsocephalus

Kl. Trilobita, Ord. Redlichiida. **Merkmale:** Körperumriß oval, sich nach vorne verbreiternd. Glabella verbreitert sich ebenfalls nach vorne, ist aber winkelig zugespitzt. Die Wangenecken verlaufen gerundet, der Thorax besteht aus 12 Segmenten, das Pygidium ist klein, aber breit gebaut. **Vorkommen:** Unter- bis Mittelkambrium. **Verbreitung:** Europa, Marokko und Australien.

Eine der neben den Phacopiden häufigsten Formen, die auf Börsen angeboten werden. Die Mehrzahl dieser Stücke stammt aus dem Prager Becken (Kambrium bis Mitteldevon).

Foto: Exuvien von *E. hoffi* aus dem Mittelkambrium von Prag, CSFR. Länge eines Häutungsrestes 3 cm.

Paradoxides

Kl. Trilobita, Ord. Redlichiida. **Merkmale:** Cephalon halbkreisförmig mit langen Wangenstacheln (vgl. Grafik). Glabella sich nach vorne verbreiternd und bis an den Stirnrand reichend. Augen halbmondförmig gestaltet. Thorax aus 16–21 Segmenten bestehend. Pleuren gefurcht und mit nach hinten an Länge zunehmenden Stacheln besetzt, kleines, wenig unterteiltes Pygidium mit oder ohne Stacheln. Gesichtsnaht opisthopar. **Vorkommen:** Mittleres Kambrium. **Verbreitung:** Europa, östliches Nordamerika, Nordafrika, Nordostaustralien.

Die Art *P. harlani* erreicht mit einer Länge von 45 cm bereits eine respektable Größe. Der größte bisher bekannt gewordene Trilobit – rekonstruierte Länge aus Kopf- und Schwanzschild – gehört zur Gattung *Uralichas.* Die Gattung *Paradoxides* ist ein wichtiges Leitfossil des Mittelkambriums. Aufgrund der unterschiedlichen Verbreitung der Trilobiten werden im Unterkambrium 4 Faunenprovinzen unterschieden:

1. Orientalische Provinz (Südasien, Australien) mit der Gattung *Redlichia.*
2. Sibirische Provinz (Sibirien, Ural) mit *Ciceragnostus.*
3. Pazifische Provinz (Teile von Nordamerika, Arktis, Nordschottland) mit *Olenellus, Dicephalus* u. a.
4. Atlantische Provinz (Europa, Nordafrika, östlichstes Nordamerika) mit *Holmia, Paradoxides, Callavia, Olenus.*

Die auf den ersten Blick so widersprüchlich erscheinenden geographischen Angaben verschwinden, wenn man bedenkt, daß die Verteilung der Kontinente zur Zeit des Kambriums der heutigen Konfiguration nicht entsprach. So waren Afrika und Südamerika noch fast zusammenhängend und der Südpol lag an der Küste von Nordwestafrika. Die Ursachen für eine Aufteilung in verschiedene Faunenprovinzen werden noch diskutiert. Untermeerische Schwellen, unterschiedliche Meerestiefen, verschiedene Ablagerungsverhältnisse mit sandig-tonigen oder kalkhaltigen Gesteinen und klimatische Bedingungen dürften für die Sonderung in Provinzen eine Rolle gespielt haben. In manchen Fällen sind die einzelnen Provinzen ihrem Fauneninhalt nach noch deutlich getrennt, in anderen Fällen sind einwandernde Gattungen vorhanden, die einen zeitlichen und räumlichen Vergleich ermöglichen.

Foto: *P. spinulosus* aus dem Mittelkambrium der CSFR. Länge 9 cm.

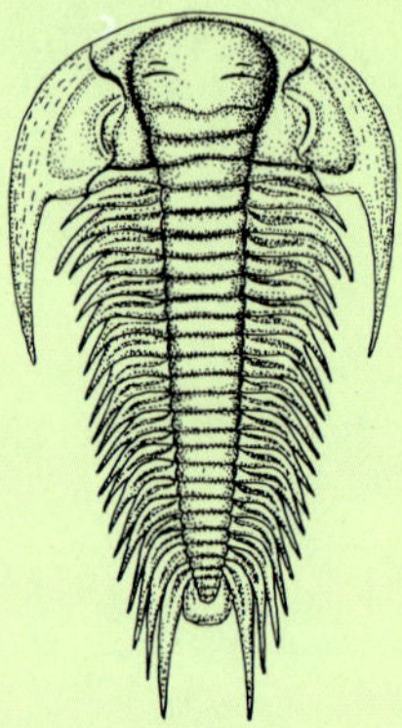

P. paradoxissimus,
vollständiger Panzer,
Mittelkambrium von Schweden

Isotelus

Kl. Trilobita, Ord. Ptychopariida. **Merkmale:** Kopfschild dreieckig-gerundet, Glabella vor den Augen etwas verbreitert, Thorax mit 8 Segmenten und Thoraxachse deutlich breiter als die Pleuren. Gerundet-dreieckiges Pygidium mit undeutlicher Achse. **Vorkommen:** Mittleres bis Oberes Ordovizium. **Verbreitung:** Nordeuropa, Grönland, Sibirien und Nordamerika.

Das zu *Isotelus* gehörige Hypostom ist eine Platte an der Unterseite des Kopfschildes und diente vermutlich mit 2 anderen kleineren Platten als Schutz der Magenpartie.

Das Foto zeigt lediglich den Ausschnitt einer Gesteinsplatte von 30 × 30 cm, auf der an die 80 Exemplare der Gattung verteilt sind. Der überwiegende Teil der Überreste ist in Normallage erhalten, einige wenige, an denen die Unterseite des Trilobitenpanzers zu sehen ist, zeigen jedoch, daß es sich nicht um die Tiere selbst handelt. Hier sind nur die Reste der ehemals chitinigen Panzers überliefert. Man spricht in diesem Falle von Häutungslagen oder Exuvien, die durch das Meerwasser zusammengeschwemmt wurden. Bei den meisten Trilobiten die sich im Laufe ihres Lebens bis zu 30 Mal häuteten, ist eine körperliche Erhaltung selten. Doch in feinkörnigen, tonreichen Sedimenten, wie in den devonischen Bundenbacher Schiefern sind Trilobiten in pyritisierter körperlicher Erhaltung gefunden worden, die unter dem Röntgenschirm Antennen, Füße, Respirationsorgane zeigen.

Die nur in Meeresablagerungen gefundenen Tiere, vorwiegend in flachem Schelf, bewegten sich schwimmend oder kriechend fort. Gut erhaltene Formen mit von Schlamm erfülltem Magen-Darm-Trakt werden als Sedimentfresser angesehen. Die Mehrzahl der Arten jedoch ernährte sich von tierischen und pflanzlichen Resten, da die Mundwerkzeuge nicht sehr differenziert waren.

Foto: Exuvien von *Isotelus* aus dem Ordovizium von Oklahoma, USA. Länge eines Exemplares 5 cm.

Harpes

Kl. Trilobita, Ord. Ptychopariida. **Merkmale:** Kopfschild von U-förmigem Umriß, mit breitem Randsaum und kräftiger Randleiste. Die Länge der Wangenfortsätze entspricht der Länge des medianen Kopfschildes. Grübchen am Innenrand des Randsaumes breiter als zwischen Randleiste und Innenrand oder auf der Glabella. Letztere mit einem Paar Seitenfurchen, sich nach vorne verjüngend. Kleine Augenhügel mit jeweils nur 2 Linsen besetzt. Thorax mit 29 Segmenten. **Vorkommen:** Silur bis Devon. **Verbreitung:** Asien, Europa, Nordafrika und Australien.

Wegen des breiten Randsaumes leicht kenntliche Trilobitengattung, die jedoch kaum auf Börsen angeboten wird. Die Verbreiterung des Randsaumes wird als Schutz gegen das Einsinken in den weichen Meeresboden gedeutet. Bei dieser ausgeprägten Körperform (extrem großer Kopfschild und kleiner Rumpf; vgl. Grafik) war keine vollkommene Einrollung, wie z. B. bei den Phacopiden, möglich. Hier wurde lediglich der Rumpf unter das Kopfschild eingeschlagen.

Foto: *H. macrocephalus* aus dem Unterdevon von Gerolstein, Deutschland. Länge (einschließlich der Wangenstacheln) 5 cm. Körper- und Schwanzschild sind unter dem Kopfschild eingeschlagen.

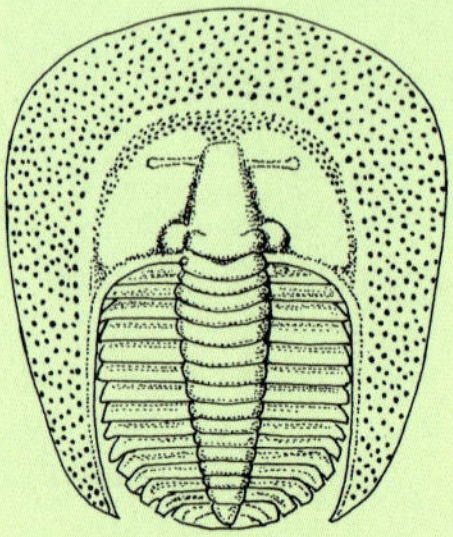

Eoharpes, vollständiger Panzer

Conocoryphe

Kl. Trilobita, Ord. Ptychopariida. **Merkmale:** Halbkreisförmiges Cephalon mit mäßig langen Wangenstacheln. Augen fehlen. Glabella mit 3 Paaren von Lateralfurchen, die schräg nach hinten gerichtet sind. Thorax mit 14 Segmenten, die Pleuren tief gefurcht. Pygidium 6 bis 8 Segmente, mit Rand, halbkreisförmiger Umriß. **Vorkommen:** Mittelkambrium. **Verbreitung:** Nordamerika, Europa, Asien.

Conocoryphe gehört zur Ordnung der Ptychopariida, eine der formenreichsten Gruppe der Trilobiten, deren Vertreter jedoch alle nach rückwärts gerichtete Glabellarfurchen aufweisen. *Conocoryphe* und *Paradoxides* sind typische Bewohner der atlantischen Faunenprovinz.

Foto: Exuvien von *Conocoryphe* aus dem Mittelkambrium der CSFR. Größtes Exemplar 4,5 cm Länge.

Phacops

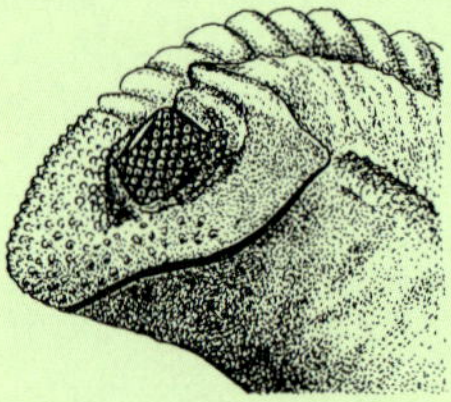

P. latifrons, Kopfschild mit Augenhöckern und Anordnung der Linsen

Kl. Trilobita, Ord. Phacopida. **Merkmale:** Nach vorne gerichtete und verbreiterte Glabella, mit zahlreichen Pusteln besetzt und durch tiefe Furchen hervorgehoben. Augen mit zahlreichen Linsen besetzt. Wangen gerundet, ohne Stacheln; Thorax mit durchwegs 11 Segmenten, gefurchte Pleuren; Pygidium halbkreisförmig, mit Rand. **Vorkommen:** Silur bis Devon. **Verbreitung:** Weltweit.

Die Gattung ist durch ihre deutlich ausgeprägten Merkmale leicht von anderen zu unterscheiden. Auch ohne Mikroskop ist der Aufbau der Augen deutlich zu erkennen. Sie setzen sich aus einer großen Anzahl von runden, konvexen Linsen zusammen, die nicht aneinander grenzen, sondern durch Leisten voneinander getrennt sind (vgl. Grafik). Jede einzelne Linse war noch von einer dünnen Membran – ähnlich unserer Hornhaut – überzogen. Die Anzahl der Linsen auf den Augenhökkern konnte je nach Gattung bis zu 400 betragen. Ein anderer Bautyp, bei dem die vieleckigen Linsen direkt einander angrenzen, hat bei einer Gattung 15 000 Linsen hervorgebracht. Bei einigen Gattungen der Phacopiden wurde eine seitliche Verlagerung der Augenhökker verbunden mit einer Verringerung der Linsenzahl festgestellt, die schließich zu blinden Formen führte, die als Sedimentbewohner galten.

Ähnlich den heute lebenden Asseln waren die meisten Trilobiten aufgrund der Beweglichkeit ihrer Körpersegmente fähig, sich einzurollen. Bei den Phacopiden wurde durch die Einrollung fast eine Kugelform erzielt. Die Einrollung diente zum Schutz der ungepanzerten Bauchseite.

Neuerdings werden auf den Börsen oder im Handel bis zu 25 cm lange Phacopiden aus dem Devon von Marokko angeboten, die als eigene Unterart *Phacops rana africanus* angesehen werden.

Im Unterdevon besaßen die Phacopiden ihre größte Ausbreitung mit einer Fülle verschiedenster Formen. Die an Gattungen und Arten reichsten Gebiete fanden sich in den warmen, um den damaligen Äquator liegenden Zonen der Alten Welt und der Appalachen, während die südamerikanische Provinz gering an Gattungen und Arten, aber reich an Individuen war. Im Mitteldevon traten bereits blinde Formen auf, was auf eine zunehmende Spezialisierung hindeutet.

Foto: *P. rana* aus dem Unterdevon bei New York, USA. Ausgebreitetes Exemplar oben 3 cm lang; eingerollte Exemplare unten 1,5 cm lang.

Fenestella

Ord. Cryptostomata, Fam. Fenestellidae. **Merkmale:** Bryozoenstock trichter- oder fächerförmig ausgebildet; Einzeläste parallel zueinander laufend, davon jeder mit 2 Reihen von Zooecien besetzt, die durch einen Mediankiel voneinander getrennt sind. Mediankiel mit oder ohne Dornen. Einzeläste durch glatte Querbalken miteinander verbunden. **Vorkommen:** Ordovizium bis Perm. **Verbreitung:** Weltweit.

Die immer koloniebildenden Bryozoen werden nach ihrem Gesamtaufbau, der Anordnung der Zooecien und der nur im Dünnschliff sichtbaren Feinstruktur bestimmt. Die fast ausschließlich marine Gruppe der Cryptostomata war vom Oberen Kambrium bis Perm weltweit verbreitet. Im Zechstein sind in Deutschland, England und Rußland die Bryozoen neben den Kalkalgen hauptsächlich Riffbildner.

Foto: *Fenestella* sp. aus dem Unterdevon von Oklahoma, USA. Gesamthöhe 7 cm.

Archimedes

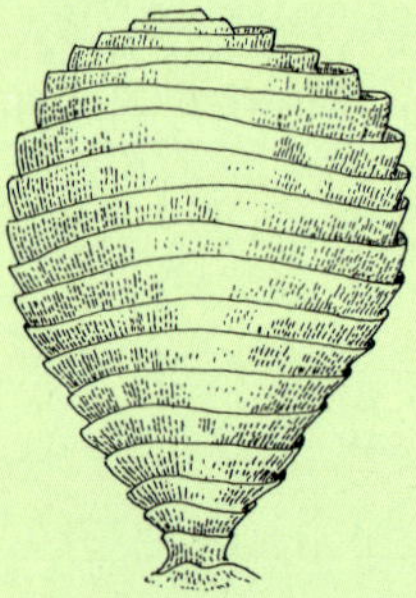

Rekonstruktion

Ord. Cryptostomata, Fam. Fenestellidae. **Merkmale:** Aufbau ähnlich *Fenestella,* doch getragen von einer schraubigen Achse. Abgebrochene Teile sonst von *Fenestella* nicht zu unterscheiden. **Vorkommen:** Unter- bis Oberkarbon (Perm). **Verbreitung:** Nordamerika, (UdSSR).

Namensgebung erfolgte zu Ehren des Mathematikers Archimedes, der als Erfinder dieser Schraube galt. Bei beiden Gattungen, *Archimedes* und *Fenestella,* sind die Zooecien nur auf der Vorderseite ausgebildet, während die Rückseite von feinen Kalklamellen zur Versteifung des Gesamtaufbaues bedeckt ist. Eine Rekonstruktion der Gesamtkolonie zeigt die Grafik.

Foto: Schraubenförmige Achse von *Archimedes* aus dem Oberkarbon von Illinois, USA. Länge 17 cm.

Lingula

Kl. Inarticulata, Ord. Lingulida. **Merkmale:** Schale dünn, hornig-phosphatisch, mit feinen, konzentrischen Anwachsstreifen; Armgerüst fehlt, länglicher Umriß. **Vorkommen:** ? Ordovizium; Silur bis rezent. **Verbreitung:** Weltweit.

Die Gattung, seit dem Ordovizium kaum in ihrer Form verändert, gilt als eine der lebenden Fossilien. Wie ihre Vorfahren, so lebt die rezente *Lingula* im Meeresboden, mit einem Stiel verankert. Lediglich der Schalenrand erreicht gerade die darüberliegende Wasserfläche. Ihre Nahrung filtert sie aus dem in das Gehäuse einströmenden Wasser.

Foto oben links: *L. mytiloides,* Karbon, Illinois, USA. Länge 1,1 cm, Breite 0,6 cm.

Strophomena

Kl. Articulata, Ord. Strophomenida. **Merkmale:** Umriß beider Klappen halbkreisförmig, mit feiner radialer Streifung, Schloßrand geradegestreckt; Stielklappe konkav, Armklappe konvex; Schalenfeinbau ohne Kanäle. **Vorkommen:** Mittleres bis Oberes Ordovizium. **Verbreitung:** Weltweit.

Foto oben rechts: *S. scabiosa,* Ansicht der Armklappe, Ohio, USA. Länge 4 cm, Breite 5 cm.

Platystrophia

Kl. Articulata, Ord. Orthida. **Merkmale:** Bikonvexe Form mit kräftigen Rippen, größte Breite am Schloßrand; mediane Ausbuchtung der Stielklappe entspricht medianer Einbuchtung der Armklappe; dreieckige Stielöffnungen an Stiel- und Armklappe nicht durch Platten verschlossen. **Vorkommen:** Mittleres Ordovizium bis Obersilur. **Verbreitung:** Nordamerika, Europa.

Foto unten links: *P. lynx,* Ordovizium, Ohio, USA. Länge 3,5 cm, Breite 3 cm.

Buxtonia

vermutliche Lebendstellung

Kl. Articulata, Ord. Strophomenida. **Merkmale:** Mittlere bis große Formen; Stielklappe konvex, mit medianer Einbuchtung, konkave Armklappe mit Wirbel, größte Breite im Schloßbereich. Beide Klappen mit gröberer, konzentrischer und feinerer, radialer Berippung. An den Ohren gröbere Stacheln entwickelt. **Vorkommen:** Oberdevon bis Oberkarbon. **Verbreitung:** Weltweit.

Ähnlich wie bei der Familie der Productiden dienten die feinen Stacheln der Schalenunterseite zur Verankerung am Meeresboden (s. Grafik).

Foto unten rechts: *B. scabricula,* Unterkarbon, Lancashire, Irland. Breite 6 cm.

Torquirhynchia

Kl. Articulata, Ord. Rhynchonellida. **Merkmale:** Große, asymmetrisch geformte Rhynchonelliden mit bikonvexen Klappen und grober, einfacher Berippung. Schloßplatten der Armklappe (Septalia) schwach ausgebildet oder fehlend, Medianseptum schwach, Cruren einfach gebogen. **Vorkommen:** Oberjura. **Verbreitung:** Europa, UdSSR.

Foto oben links: *T. speciosa,* Oberer Weißjura, Kelheim, Deutschland. Länge 6 cm, Breite 8 cm.

Mediospirifer

Kl. Articulata, Ord. Spiriferida. **Merkmale:** Große, bikonvexe Formen mit medianer, glatter Aufwölbung der Armklappe und Einbuchtung der Stielklappe, seitliche Falten mit konzentrischen Anwachsstreifen. Dreieckiges Hinterende der Stielklappe mit vertikaler und horizontaler Streifung; dreieckige Öffnung der Stielklappe und Zahnplatten. **Vorkommen:** Mitteldevon. **Verbreitung:** Nordamerika.

Die Brachiopoden gehören zu einer der fossilen Gruppen, bei denen Form und Skulptur des Gehäuses als Bestimmungsmerkmal nicht ausreicht. Viel entscheidender ist der Bau des innenliegenden Armgerüstes (vgl. auch Grafik). Da es in den seltensten Fällen so einfach zu ermitteln ist wie bei *Terebratula* (Foto unten rechts), müssen in verschiedenen Ebenen Serienschliffe durch das Gehäuse gefertigt werden, um das dreidimensional gebaute Armgerüst rekonstruieren zu können.

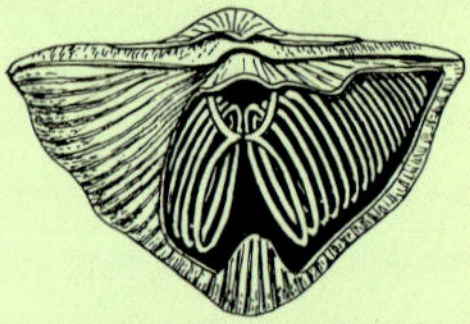

geöffnetes Gehäuse mit spiralig-kegelförmigem Armgerüst

Foto oben rechts: *M. audaculus,* Lake Erie, USA. Länge 3 cm, Breite 4,5 cm.

Tropeothyris

Kl. Articulata, Ord. Terebratulida. **Merkmale:** Mittelgroße bis große Formen, länglicher Umriß, beide Klappen konvex, mit deutlichen, konzentrischen Anwachsstreifen, Stielloch von der Stielöffnung abgesetzt, Armklappe mit medianer Einbuchtung. Armgerüst terebratulid. **Vorkommen:** Oberjura bis Unterkreide. **Verbreitung:** U. a. Europa.

Foto unten links: *T. isomorpha,* Oberjura, Polen. Länge 9 cm, Breite 4,5 cm.

Terebratula

Einen Sonderfall der Fossilerhaltung bietet diese Terebratel aus dem süddeutschen Weißjura (Foto unten rechts). Die aufgebrochene Stielklappe zeigt das terebratulide Armgerüst der Armklappe. Diese Ausbildung ist u. a. bei der Familie der Terebratulidae ausgeprägt. Länge des Exemplares 4 cm, Breite 3 cm.

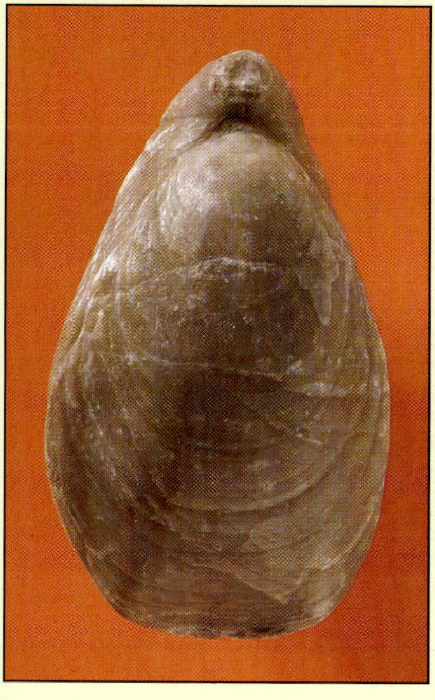
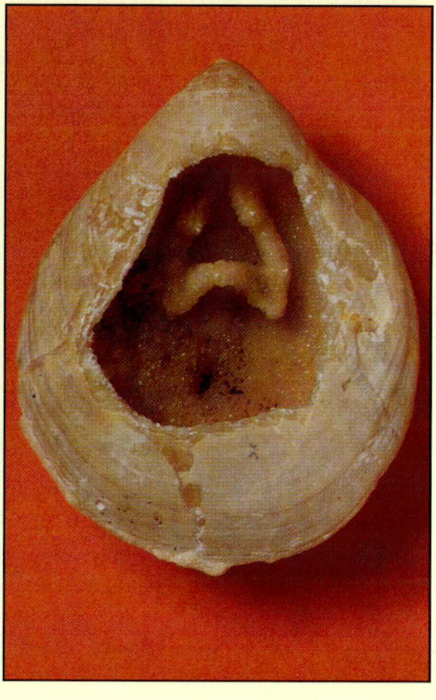

Deltoblastus

Kl. Blastoidea, Fam. Schizoblastidae. **Merkmale:** Unterseite des knospenähnlichen Kelches stets konkav, fünfteilig symmetrisch, aus insgesamt 14 Platten zusammengesetzt. Auf 3 Basalplatten der Unterseite folgen 5 gabelförmige Radialia und 5 Deltoidplatten, die bis zur Kelchspitze reichen. Kelchspitze mit 10 kleinen Öffnungen um die Mundöffnung und einer Afteröffnung. Ambulacra versenkt, mit randlichen Einzelporen. **Vorkommen:** Perm. **Verbreitung:** Insel Timor, Indonesien.
Marine Gruppe der Echinodermata (Stachelhäuter), die – ähnlich den Seelilien – mit einem Stiel am Meeresboden festgeheftet waren.
Foto: 5 Exemplare von *Deltoblastus* sp. aus dem Perm der Insel Timor. Durchmesser 2–5 cm. Links oben und Mitte: Zum Verwechseln ähnlich ist die Kelchkapsel von *Timorocrinus* sp., einer Seelilie.

Encrinus

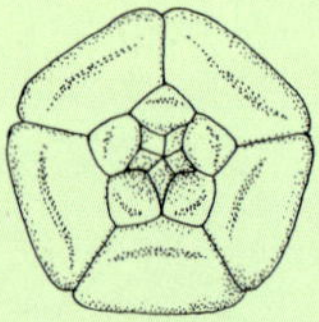

Unterseite des Kelches

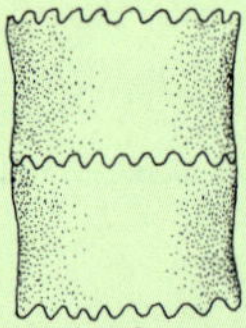

2 Stielglieder, Seitenansicht

Stielglied, Aufsicht

E. liliiformis

Kl. Crinoidea, Fam. Encrinidae. **Merkmale:** Kelch niedrig, aus 15 Platten bestehend. Unter dem Stiel verborgen 5 Infrabasalia, darauf 5 Basalia und 5 Radialia, letztere trapezförmig, in der Verlängerung über den Infrabasalia sitzend und mit je einem Armpaar versehen (s. Grafik). Die 10 Arme an der Innenseite mit zahlreichen Fortsätzen umschließen eine biegsame Kelchdecke. Spezielle Analplatte fehlend. Stielglieder zylindrisch und randlich gekerbt (s. Grafik). **Vorkommen:** Mitteltrias. **Verbreitung:** Europa.
Arten dieser Gattung waren mit einer dicken Haftscheibe am Meeresboden verankert. Die aus Mikroorganismen bestehende Nahrung wurde mit Schleimfäden eingefangen und von den mit Wimpern besetzten Armfortsätzen entlang von Nahrungsfurchen zum Mund transportiert.
Im Gegensatz zu *Encrinus* saßen die Exemplare von *Seirocrinus* aus dem Lias von Holzmaden auf fossilem Treibholz. Mit einigen Ausnahmen waren die fossilen Crinoiden Bewohner von flachen Meeren, die erst ab dem Tertiär zunehmend in tieferem Wasser zu finden sind. Die Mehrzahl der Formen findet sich im Indischen Ozean und im Westpazifik, weniger im Ostatlantik und im Ostpazifik. Gestielte Formen bevorzugen eine feste Unterlage und fehlen auf schlammigem Grund.
Foto: 10 Kelche von *E. liliiformis* aus dem Oberen Muschelkalk von Neckarwestheim, Deutschland. Länge des größten Kelches 10 cm, ∅4 cm.

Dadocrinus

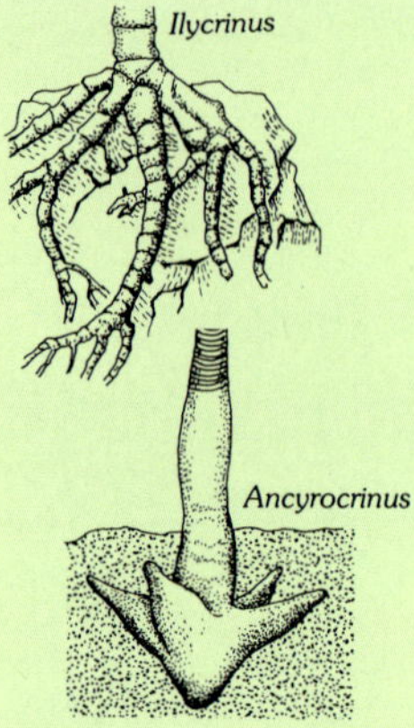

Arten der Befestigung von Seelilien am Untergrund

Kl. Crinoidea, Fam. Dadocrinidae. **Merkmale:** Zierlich gebaute Seelilie mit konischem Kelch, Infrabasalia durch den Stiel verdeckt, Radialia relativ hoch. Arme gleichwertig verzweigt, mit zahlreichen Fortsätzen. Armglieder mit U-förmigem oder keilförmigem Umriß; Stiel mit deutlich verdickter Fußscheibe zum Anheften am Substrat; Stielglieder in Kelchnähe fünfeckig, zur Fußscheibe hin rund. **Vorkommen:** Anis (Mitteltrias). **Verbreitung:** Zentral- und Südeuropa.
Dadocrinus tritt im Unteren Muschelkalk in einigen Lagen gesteinsbildend auf.
Foto oben: Gesteinsplatte mit 8 Kelchen von *D. gracilis* aus der Mitteltrias von Polen. Ø der Stielglieder 2–3 mm, Ø des Kelches 1 cm, Länge 4 cm. An 2 Stielen ist deutlich die dicke Fußscheibe zu erkennen. Die Grafik zeigt zwei weitere Möglichkeiten der Befestigung gestielter Seelilien am Untergrund: wurzelartige bzw. ankerförmige Ausbildungen.

Saccocoma

Kl. Crinoidea, Ord. Roveacrinida. **Merkmale:** Freischwimmende Seelilie. Neben 5 winzigen Basalplatten und einer Zentralplatte bilden die 5 vergrößerten Radialia den Körperhohlraum. 10 alternierend verzweigte Arme. **Vorkommen:** Oberjura bis Unterkreide. **Verbreitung:** Europa, Nordafrika, Westindien.
Diese freischwimmenden Seelilien sind die häufigst auftretenden Fossilien in den jurassischen Plattenkalken von Solnhofen und Eichstätt.
Foto unten links: *S. pectinata* aus dem Weißjura von Solnhofen, Deutschland. Ø des Exemplares 4 cm.

Crinoidenkalk

Wenn Teile von fossilen Seelilien – i. d. R. Stielglieder oder zerfallene Armstückchen – in hohem Anteil am Aufbau von Kalkgesteinen beteiligt sind, spricht man von Crinoidenkalken.
Das massenhafte Auftreten der isolierten Stielglieder von *Encrinus liliiformis* (s. S. 86) gaben den Trochiten-Schichten des Oberen Muschelkalkes ihren Namen. Die radförmigen, randlich gekerbten Scheibchen mit einem Zentralkanal (lat. Trochiten genannt) wurden bereits im Neolithikum, aufgefädelt, als Schmuck verwendet und galten bei den Germanen als Symbole des Sonnenrades. Nach der Christianisierung wurde ihnen der Name »Bonifatius-Pfennige« verliehen.
Foto unten rechts: Crinoidenkalk mit Stielgliedern im Längs- und Querschnitt aus dem Miozän der Türkei. Ø der Querschnitte bei 1,5 cm.

Plegiocidaris

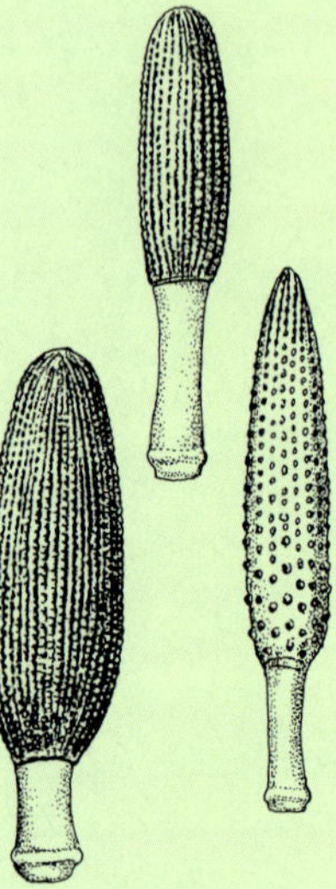

verschiedene Stachelformen

Kl. Echinoidea, Ord. Cidaroidea. **Merkmale:** Gehäuse brotlaibförmig, Interambulakralplatten in 2 Reihen angeordnet, mit einem Hauptstachel pro Platte. Ambulakralplatten einfach in einer Reihe, lediglich in Mundnähe vielreihig. Poren der Ambulakra horizontal, aber nicht verbunden. Hauptstachelwarzen mit Pore und gekerbt, mit runden, aber voneinander getrennten Höfen. Die dort stehenden Stachelwarzen größer als die übrigen Interambulakralwarzen. Stacheln mit langem, zylindrischem Hals und doppelt so dickem Schaft. Schaft bis zu dreifacher Länge des Halses. Übergang von Hals zu Schaft schief zulaufend (vgl. Grafiken). **Vorkommen:** Obertrias, Oberjura. **Verbreitung:** Europa.

Wegen der Formenschönheit ihrer Symmetrie und der seltenen Erhaltung in ganzen Exemplaren sind Vertreter dieser Seeigel bei Sammlern sehr gesucht. Bei der ersten, schon im Silur auftretenden Familie der Archaeocidaroidea waren die einzelnen Platten des Gehäuses noch nicht starr miteinander verbunden wie bei vorliegender Gattung, sondern noch leicht gegeneinander beweglich. Erst in der Trias erscheinen die ersten Formen mit starrem Gehäuse. Eine Erhaltung von Gehäuse und Stacheln ist ziemlich selten; sie läßt aber auf eine rasche Überdeckung durch Sediment schließen, die es dem Tier unmöglich machte, sich herauszuwühlen. Die an der Gehäuseunterseite gelegene Mundöffnung birgt ein kräftiges Gebiß in Form eines fünfteiligen Greifers. Damit vermag das Tier auch kleinere, schalentragende Lebewesen zu zerknacken, um an die Weichteile heranzukommen. Cidaroidea sind häufig in Riffnähe anzutreffen und nähren sich von bodenbewohnenden Tieren wie Schwämmen, Mollusken und Foraminiferen. Sie selbst sind Bewohner des Meeresbodens und bewegen sich dort mit Hilfe ihrer Stacheln fort.

Plegiocidaris: Am lebenden und fossilen Seeigel wird die Beweglichkeit der Stacheln durch die Kugelform der Warze gegen die kreisförmige Vertiefung des Stachelhalses gewährleistet. Durch seitlich angebrachte Bänder und Muskeln kann der Stachel verstellt werden. Da nach dem Absterben der Tiere gerade diese Weichteile sich als erstes auflösen, fallen damit auch die Stacheln ab.

Foto: *P. coronata* aus dem Malm von Streitberg, Deutschland. Blick auf die Gehäuseoberseite ohne Stacheln, Ø 6 cm.

Conoclypus

Kl. Echinoidea, Ord. Holectypoida. **Merkmale:** Gehäuseumriß oval, leicht nach hinten verlängert. Unterseite stark abgeflacht. Im Gehäusescheitel fünfeckige Siebplatte mit 4 Genitalporen. Ambulakralfelder der Oberseite petaloid, Ambulakralporen mit Furchen verbunden, Außenpore länglich. Mundöffnung in der Mitte der Unterseite. Durch Vertiefung der Ambulakralfelder und Wölbung der Interambulakralfelder entsteht eine fünfstrahlige Sternfigur. Interambulakra sehr breit. After groß, länglich unter dem Hinterrand gelegen. **Vorkommen, Verbreitung:** Eozän im Bereich der einstigen Tethys, Madagaskar, Indien; Miozän in Italien.

Faunen, in denen Vertreter der Holectypoidea gefunden werden, weisen auf wärmere Meeresgebiete hin. Rezente Formen sind in tropischen Meeren zu Hause.

Foto: *C. subzylindricus* aus dem Eozän des Kressenberges, Deutschland. Gehäuse-∅ 4 cm, Höhe 3 cm.

Clypeaster

Kl. Echinoidea, Ord. Clypeasteroidea. **Merkmale:** Von oben gerundet-fünfeckiger Umriß; Ambulakralporenfelder blattartig, nach unten offen oder geschlossen, Poren miteinander durch Furchen verbunden; Ambulakralfelder aufgewölbt. 5 Genitalporen um die Spitze der Oberseite verteilt. Mundöffnung an der eingesenkten Gehäuseunterseite mit 5 Furchen. Afteröffnung am Hinterrand. Zahlreiche, etwa gleich große Stachelwarzen über Ober- und Unterseite verteilt. Im Gehäuseinneren stützende Kalkpfeiler vorhanden. Kräftiger Kieferapparat. **Vorkommen:** Eozän bis rezent. **Verbreitung:** Weltweit.

Bei dieser Ordnung der Seeigel war meist ein gut entwickelter Kauapparat (Laterne des Aristoteles) vorhanden. Die an den Spitzen des Kauapparates ansitzenden hornigen Zähne ermöglichten das Aufbrechen schalentragender Beutetiere.

Rezente Arten dieser Gattung leben auf sandigem Untergrund oder darin vergraben, das Sediment nach Nahrung durchwühlend.

Die deutliche fünfstrahlige Symmetrie dieser Gattung mag schon in vorgeschichtlicher Zeit Anlaß zu mystischen Überlegungen gewesen sein. Ein Exemplar dieses Seeigels fand sich als Totenbeigabe in einem minoischen Grab auf Kreta.

Foto: *Cl. aegyptiacus* aus dem Pliozän von Gizeh, Ägypten. Gehäuse-∅ 15 cm, Höhe 5 cm. Bruchstück zeigt die Gehäusestützpfeiler.

Mellitella

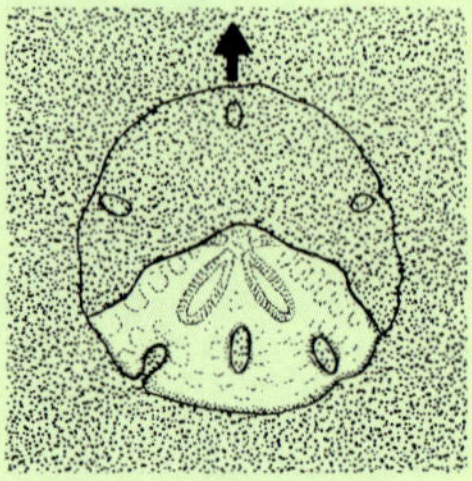

Aufsicht

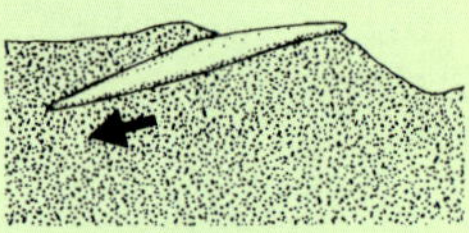

Querschnitt

Lebendstellung

Kl. Echinoidea, Ord. Clypeasteroida. **Merkmale:** Gehäuse flach, mit 5 Durchbrüchen im Bereich der Ambulakralfelder, die auch den Gehäuserand unterbrechen können. Ein weiterer Durchbruch im Bereich der hinteren Interambulakralfelder, außerhalb der Petalodien. 5 Genitalporen vorhanden. **Vorkommen:** Miozän bis Pliozän (rezent). **Verbreitung:** Ostpazifik (Karibik).

Mit dieser Gattung wird ein Nahrungsspezialist der Clypeasteroioda vorgestellt, dessen Gehäusekonstruktion für einen bestimmten Lebensraum ideal ist. Seeigel dieser Form – wenn sie auch verschiedenen Gattungen zuzuordnen sind – werden im Englischen wegen ihrer extrem flachen Form als »sanddollar« bezeichnet. Rezente Vertreter leben im Wellenüberschlagsbereich einer sandigen Flachküste in einer Tiefe von ½ bis 5 m. Hier unterwandern sie – fast bis zur Spitze eingegraben – die Sandflächen und ernähren sich von Nahrungspartikeln zwischen den Sandkörnern (vgl. Grafik). Mit Hilfe speziell geformter Stacheln der Oberseite, die ein dichtes Polster bilden und in ständiger Bewegung sind, sieben die Tiere den aufliegenden Sand. Dadurch fallen kleinere Nahrungspartikel auf die Gehäuseoberfläche und werden mittels der Füßchen durch die 5 Durchbrüche zur Gehäuseunterseite gebracht. Dort erfolgt der Weitertransport der Nahrung entlang der sog. Nahrungsfurchen zum Mund. Der Kieferapparat der Mellitidae ist nicht sehr kräftig entwickelt und vermag nur kleinere Nahrung zu zerlegen. Auch ein Teil des durchsiebten Sandes wird durch die Öffnungen des Gehäuses auf die Unterseite transportiert. Ist der Seeigel vom Sediment bedeckt, verraten lediglich 5 kleine Trichter in der Sandoberfläche seine Anwesenheit, entsprechend der Anzahl seiner Gehäusedurchbrüche.

Foto: *Mellitella* sp. aus dem Pleistozän von Mexiko. Ø 9 cm. Gehäuseoberseite ohne Stacheln, mit 5 randlichen Durchbrüchen und einer mehr zentral gelegenen Öffnung, die auf der Gehäuseunterseite zum After führt.

Graptolithen

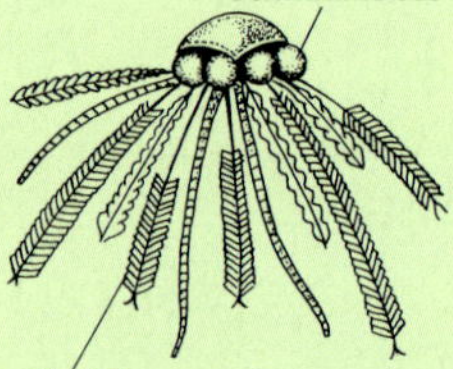

Rekonstruktion einer Graptolithen-Kolonie

St. Hemichordata, Kl. Graptolithida. Die ausgestorbene Tiergruppe der Graptolithida wird nach der modernen Systematik zu den sog. Hemichordaten gestellt. Deren Bauplan – Kiemendarm, dorsale Darmausstülpung, Neuralrohr – weist gemeinsame Merkmale mit den Chordatieren auf, die sich durch den Besitz eines dorsalen, elastischen Achsenstabes, der Chorda, auszeichnen. Damit könnte man die Hemochordaten als sehr früh auftretenden Zweig der Wirbeltiere interpretieren. Die heute noch lebenden, marinen Vertreter – Eichelwürmer und Flügelkiemer – spielen in der Meeresfauna eine vergleichsweise bescheidene Rolle, während die Graptolithen im Ordovizium und Silur die wichtigsten Leitfossilien stellen. Ähnlich den Flügelkiemern bauten sie röhrenförmige, aus Skleroprotein bestehende Außenskelette. Die Einzelindividuen saßen in unterschiedlich geformten Theken, aufgereiht zu einem sog. Rhabdosom und durch eine gemeinsame Röhre verbunden. Die Theken können ein-, zwei- oder vierzeilig gruppiert sein, die Rhabdosome zu einer Zentralkapsel vereinigt werden, die an einer Schwimmblase befestigt war (s. Grafik).

Neben diesen planktonisch lebenden Formen, die zur Ordnung der Graptoloidea gerechnet werden, gab es auch festsitzende bzw. Krusten bildende Gruppen. Die Ordnung der Dendroidea – bäumchenartiger Wuchs, am Substrat angeheftet – traten als erste Formen im Mittelkambrium auf und überdauerten die planktonischen Vertreter (Ordovizium bis Devon) bis ins Oberkarbon. Die meisten fossilen Exemplare sind als Abdrücke in Schiefern erhalten, doch ist körperliche, dreidimensionale Erhaltung auch als Kalken bekannt geworden. Unter besonders günstigen Bedingungen war sogar eine Überlieferung von Rhabdosomen mit ansitzender Schwimmblase möglich.

Foto oben: Abdruck von *Spirograptus spiralis* aus dem Oberen Silur der CSFR. Ø 1,5 cm, Breite 0,2 cm.

Foto unten: Pyritisiertes Exemplar von *Monograptus* sp. aus dem Silur von Wartenfels, Deutschland. Länge des unvollständig erhaltenen Rhabdosoms 9 cm, Breite 0,6 cm.

Stromatolith

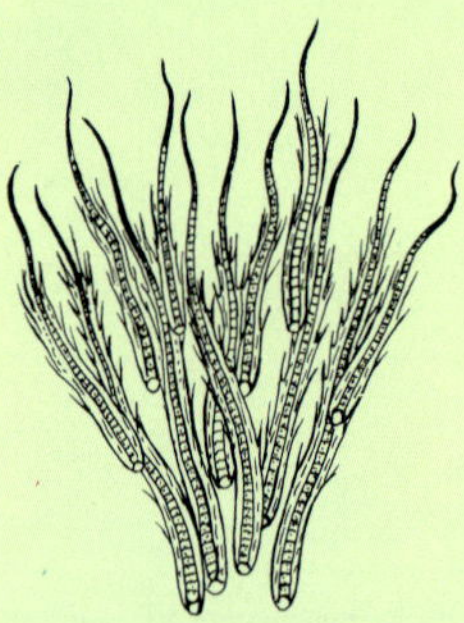

kalkabscheidende Blaualge der Gattung *Rivularia*

Fossile Algenmatten oder im Millimeterbereich geschichtete Gesteine, bei denen eine Mitwirkung von Organismen nicht gesichert ist, werden im geologisch-paläontologischem Sprachgebrauch als Stromatolith bezeichnet. Der Ausdruck (gr. Teppich- oder Mattenstein) wurde in der Anfangszeit der Erforschung dieser Strukturen geprägt und bezieht sich auf die lagige Ausbildung. Damals war nicht bekannt, daß der überwiegende Anteil dieser Erscheinungsformen der Mitwirkung von Blaualgen (Cyanobakterien) zuzuschreiben ist. Außer den flachen Strukturen sind auch domartige oder beulenförmige Strukturen bis zu einer Höhe von mehreren Metern bekannt. Neben verzweigten Formen finden sich auch kleinere, kugelige Stücke im Zentimeterbereich (s. Foto), die als Kern ein unregelmäßig geformtes Gesteins- oder Schalenbruchstück bergen.

Durch Labor- und Freilandbeobachtungen an heute noch lebenden Cyanophyten (Blaualgen) ist die Rolle dieser Organismen als Kalkbildner und Sedimentpartikelfänger geklärt worden. Kalkbildner deshalb, weil in der die fadenförmigen Zellen umhüllenden Schleimschicht der Cyanophyten hauptsächlich magnesiumhaltiger Kalzit abgelagert wird. Dazu kommt noch, daß ein dichter Teppich oder Geflecht dieser Algen als Falle für herabrieselnde Sedimentpartikel wirkt. Die lagenförmige Schichtung der Stromatolithe im Millimeterbereich wird durch den Wechsel zwischen Kalkbildung und Sedimentablagerung erklärt, die sich auch in der wechselnden Hell- und Dunkelfärbung ausdrückt. Eine Erhaltung dieser mikroskopisch kleinen Algenfäden ist ziemlich selten und wurde bis jetzt nur an verkieselten und extrem feinkörnigen, kalkigen Stromatolithen beobachtet.

Die ältesten Stromatolithe, bei denen eine Beteiligung der Cyanophyten als Gesteinsbildner nachgewiesen ist, sind mit 3,1 Milliarden Jahren datiert und stammen aus Gesteinen des Präkambriums von Südafrika. Die Hauptverbreitungszeit der im Flachwasser abgelagerten Stromatolithe lag zwischen Oberem Präkambrium und Mittlerem Ordovizium (vor 1,6 bis 0,5 Milliarden Jahren). Mit dem Auftreten höherer Organismen, die den Meeresboden zerwühlten und die Algenmatten abweideten, wurde ihr ursprünglicher Lebensraum weitgehend zerstört.

Foto: Stromatolith aus dem mittleren Präkambrium von Atar, Mauretanien. Höhe 10 cm.

Archaeolithothamnium

Kl. Rhodophyceae (Rotalgen), Fam. Corallinaceae. **Merkmale:** Nur im Schliffbild zu bestimmende Kalkalge, entweder krustenbildend oder Verzweigungen bis zu mehreren Zentimetern; Hypothallium vielschichtig und parallel der Unterlage angeordnet. Außengewebe i. d. R. dick, aus gleichmäßig gebauten Zellreihen bestehend, darin die Konzeptakeln in losen Reihen gruppiert. **Vorkommen:** Oberjura bis rezent. **Verbreitung:** Weltweit.

Die rezenten Formen dieser Gattung leben in tropischen bis subtropischen Meeren. Sie inkrustieren allseitig oder nur zur Oberfläche kleine Gesteinsstückchen und können auf diese Weise lockere Sedimente zementieren. Corallinaceen, darunter zum geringen Teil *Archaeolithothamnium,* bedecken bis zu 40% der Saumriffe Hawaiis. Als kalkabscheidende Formen können sie auch kleine Algenriffe bilden.

Foto oben links: Ästiges Stück von *Lithothamnium* aus dem Miozän von Österreich.

Foto oben rechts: Poliertes Stück von *Archaeolithothamnium* aus dem Eozän von Neubeuern am Inn, Deutschland. Ø 8 cm.

Diplopora

Modell

Kl. Chlorophyceae, Fam. Dasycladaceae (Wirtelalgen). **Merkmale:** Verkalkte, zylindrische Stammzellen einer Grünalge, Ø 0,9–8 mm, Innenseite mit kreisförmig angelegten Poren als Ansatzpunkte der 3–4 unverzweigten in die Wandung reichenden Äste (s. Grafik). Äste zylindrisch bis keulenförmig, z. T. auch die Zylinderaußenseite erreichend. **Vorkommen:** Alpiner Muschelkalk (Ladin). **Verbreitung:** U. a. Kalkalpen.

Reste von Dasycladaceen, auch Wirtelalgen genannt, sind bereits seit dem Kambrium bekannt. Die heute noch existierenden 10 Gattungen leben in tropischen bis subtropischen Meeren bei klarem Wasser und hohem Salzgehalt. Untersuchungen an gesteinsbildenden Dasycladaceen der nördlichen Kalkalpen ergaben eine Rekonstruktion der ehemaligen Meerestiefe von ca. 50 m.

Foto unten links: Gesteinsanschliff mit *Teutloporella* aus dem Ladin der Südalpen, Italien.

Foto unten rechts: Ausgewitterte Reste von *Diplopora* aus dem Ladin von Mittenwald, Deutschland.

Lepidodendron

Rekonstruktion

Kl. Lycopodiatae, Fam. Lepidodendraceae (Schuppenbaumartige). **Merkmale:** Organgattung für Erhaltung der Außenrinde; rhombische Gebilde, den ehemaligen Blattpolstern entsprechend, in Schrägzeilen zur Stammachse angeordnet. Die eigentliche Blattnarbe sitzt im oberen Teil des Blattpolsters am Ende der Mittellinie. **Vorkommen:** Unter- bis Oberkarbon. **Verbreitung:** Nordhalbkugel.

Die Lepidodendren waren große, bis zu 40 m hohe und 2 m dicke Bäume (die Grafik zeigt eine Rekonstruktion des Gipfelbereichs). Die Baumkrone war regelmäßig aufgebaut, gabelig verzweigt mit Fruchtständen an den Enden, die Blätter nadelähnlich bis zu 1 m lang, stets schmal und einnervig. Der Holzkörper besaß eine mächtige Sekundärrinde, war aber im Gegensatz zu den heutigen Laub- und Nadelhölzern nur ein Viertel so dick. Das Fehlen von Jahresringen deutet auf einen Standort in niederschlagsreichem Klima.

Foto oben: *L. dichotomum* aus dem Oberkarbon der CSFR. Länge des Blattpolsters 3 cm, Breite 2 cm.

Sigillaria

Rekonstruktion

Kl. Lycopodiatae, Fam. Sigillariaceae (Siegelbaumgewächse). **Merkmale:** Organgattung für Rindenerhaltung; rundliche bis sechseckige Blattnarben in Längszeilen angeordnet. **Vorkommen:** Karbon bis Unteres Perm. **Verbreitung:** Nordhalbkugel.

Bäume bis zu 40 m Höhe mit mächtigem Blattschopf am Stammende, jedoch nicht oder einfach verzweigt (die Grafik zeigt eine Rekonstruktion des Gipfelbereichs). Häufiges Karbonfossil.

Foto unten links: *S. boblayi* aus dem Oberkarbon des Ruhrgebietes, Deutschland. Länge eines Blattpolsters 1 cm, Breite 1,5 cm.

Sphenophyllum

Rekonstruktion

Ord. Sphenophyllales (Keilblattgewächse), Fam. Sphenophyllaceae. **Merkmale:** Blättchen mehradrig und keilförmig, stets in Dreizahl an den Knoten der Sprossen sitzend. **Vorkommen:** Oberdevon bis Perm. **Verbreitung:** Euramerika.

Die Gliederung des Sprosses in einzelne Abschnitte (vgl. Grafik) zeigt die Verwandtschaft zu den Schachtelhalmen. Die bis zu 1 m langen, aber dünnen Pflanzen werden als liegende oder klimmende Gewächse gedeutet.

Foto unten rechts: *S. verticillatum*, Oberkarbon von Halle, Deutschland. Länge eines Blättchens 1 cm.

Equisetites

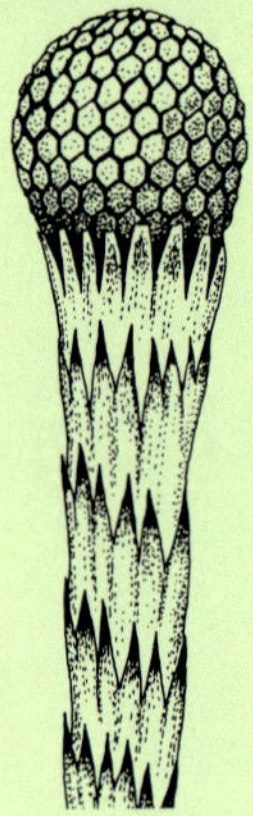

Rekonstruktion
eines Seitensprosses mit Blüte
von *E. muensteri*

Ord. Equisetales (Schachtelhalmgewächse), Fam. Equisetaceae. **Merkmale:** Schachtelhalmgewächs mit deutlich quergegliedertem Stamm, Blätter eines Blattwirtels zu einer Manschette verwachsen, aber mit freien Blattzipfeln (s. Graphik), Blüten eiförmig. **Vorkommen:** Oberes Karbon bis Kreide. **Verbreitung:** Europa, Sibirien.

Gut erhaltene Stücke zeigen, daß die Blüten an einem Seitensproß saßen, bei *E. arenaceum* zu je 3 Exemplaren. Diese Seitensprosse waren in großer Anzahl unterhalb der Hauptsproßspitze gruppiert, während bei den rezenten Schachtelhalmen die Blütenteile endständig stehen.

Foto: *E. arenaceum* aus dem Keuper, Franken, Deutschland. Das 20 cm lange Stammstück ist lediglich eine Innenausfüllung des Markhohlraumes. Bei den senkrecht zur Stammachse verlaufenden Riefen handelt es sich um die Abdrücke der Leitbündel, die quer dazu stehenden Noden sind die Ansätze der Blattmanschette.

Annularia

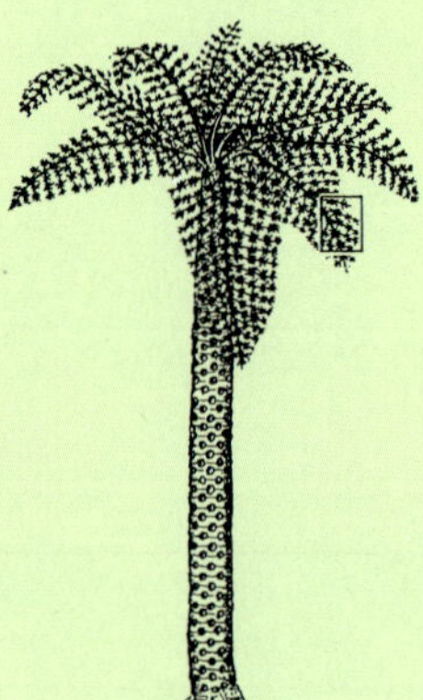

Rekonstruktion eines
Calamiten der Gattung
Annularia

Ord. Equisetales (Schachtelhalmgewächse), Fam. Calamitaceae. **Merkmale:** Organgattung für Blätter von Calamiten. Einnervig, quirlständig angeordnet und von spatelförmiger Gestalt. Zahl der Blätter pro Quirl schwankend, jedoch mindestens 4 und rechtwinklig von der Achse abstehend. **Vorkommen:** Unterkarbon bis Perm. **Verbreitung:** U. a. Mitteleuropa.

Die auf der Beblätterung begründeten Gattungen *Annularia* und *Asterophyllites* (Blätter der Basis nicht verwachsen, aufwärts gebogen, schmal) werden Calamiten zugeordnet. Dies waren bis zu 30 m hohe und 1 m dikke, baumförmige Schachtelhalme (vgl. Grafik; der dort eingezeichnete Rahmen gibt etwa den Bildausschnitt des Fotos wieder), die in sumpfigen Wäldern des Karbons wuchsen. Obwohl diese Bäume ein sekundäres Dickenwachstum aufweisen, sind keine Jahresringe ausgebildet, was als Argument für gleichmäßiges tropisches Klima gilt.

Foto: *A. stellata,* Oberkarbon von Udine, Italien. Maximale Länge der Blättchen 1,5 cm, Breite 0,3 cm.

Psaronius

Rekonstruktion

Kl. Filicatae (Farne), Fam. Marattiaceae. **Merkmale:** Diese Organgattung umfaßt nur die echt versteinerten Stämme, an denen mittels Dünnschliff oder Anschliff holzanatomische Einzelheiten zu erkennen sind. Entscheidend ist der Grundbauplan des Stammquerschnittes. Die Gesamtheit der Leitbündel in der Stammitte setzt sich aus vielen leistenförmigen Einzelleitbündeln zusammen, die gegen das Zentrum hin konkav gebogen sind. Die Leitbündel können zwei-, vier- oder vielzeilig, aber auch spiralig angeordnet sein, je nach der Lage der am Stamm ansitzenden Wedel. Nach außen folgt der innere Teil des Wurzelmantels, bei dem die Wurzeln im Grundgewebe der Pflanze, dem Parenchym eingebettet sind. Der äußerste Teil dagegen umfaßt untereinander freie Wurzeln. **Vorkommen:** Oberkarbon bis Rotliegendes. **Verbreitung:** Frankreich, Deutschland, CSFR, Großbritannien, Nordamerika, Brasilien.

Die fossilen Marattiaceae waren bis zu 15 m hohe, relativ dünne Bäume (s. Grafik), deren Standfestigkeit im unteren Stammteil durch den bereits erwähnten Wurzelmantel verstärkt wurde, da kein sekundäres Dickenwachstum – wie bei den heutigen Laub- und Nadelbäumen – erfolgte. An der Stammspitze trugen sie einen Schopf aus bis zu 6 m langen Blattwedeln. Die Wedel standen alternierend zweizeilig oder alternierend quirlständig oder schraubig zur Stammachse. Fruktifikationen sind unter dem Organgattungsnamen *Asterotheca* (s. S. 108) bekannt geworden. Der größte Teil der Laubformgattung *Pecopteris* gehört ebenfalls zu den Marattiaceen. Es wird noch diskutiert, ob die im Oberkarbon in den Wurzeln von *Psaronius* entdeckten Luftgewebe auf einen häufig überfluteten Standort hinweisen. Bei den heute lebenden Marattiaceen fehlen baumförmige Vertreter und im Unterschied zu den fossilen Formen der innere Wurzelmantelteil.

Foto: *P. tenuis* aus dem Perm von Chemnitz, Deutschland. Stammdurchmesser 21 cm, mit deutlicher Dreigliederung. Die Färbungen entstanden durch eingedrungene Lösungen während der Phase der Versteinerung.

Asterotheca

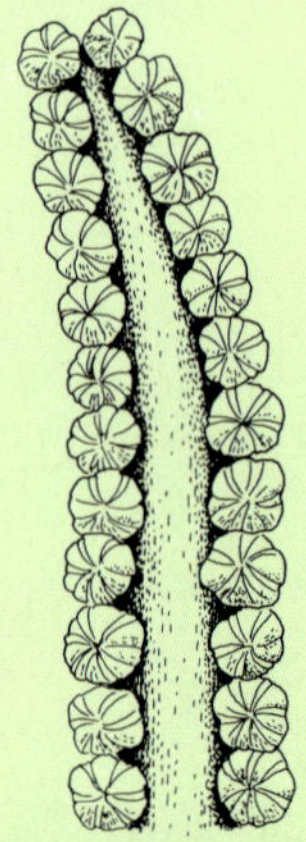

Rekonstruktion eines fertilen Fiederchens

Kl. Filicatae (Farne), Ord. Marattiales. **Merkmale:** Organgattungsname für Farnwedel mit speziellen Sporenbehältern: Je 4–6 dieser zu »Synangien« verwachsenen Sporenbehälter sitzen mit kurzem Stil an der Blattunterseite. Entstehen einer sternförmigen Figur durch Aufplatzen (s. Grafik). **Vorkommen:** Mittleres Oberkarbon bis Trias. **Verbreitung:** Europa, Nordamerika.

Die zugehörige Laubformgattung ist *Pecopteris,* bei der entweder die Blättchen mit der ganzen Blattspreite an der Wedelachse ansitzen oder mehrere Blättchen an der Basis miteinander verbunden sind. Stammreste mit Fruktifikationen vom Typ *Asterotheca* und *Pecopteris*-Blättern gehören zur Ordnung Marattiales, einer Gruppe der echten Farne, die bis zu 15 m Höhe erreichten und riesige Wedel besaßen (vgl. Grafik S. 106). Sie sind seit dem Unterkarbon bekannt und heute in den Tropen mit nur 6 Gattungen vertreten.

Foto: *A. miltoni* aus dem Oberkarbon von Illinois, USA. Teil eines Wedels von 12 cm Länge in einer Konkretion.

Dicksonites

vollständiger Wedel

Kl. Lyginopteridatae (Farnsamer), Ord. Lyginopteridales. **Merkmale:** Es handelt sich um einen Organgattungsnamen für ein wedelartiges Astsystem mit ansitzenden Fiederchen bei stets zweifach gegabelten Wedeln (vgl. Grafik; der dort eingezeichnete Rahmen gibt etwa den Bildausschnitt des Fotos wieder). Die Fiederchen sitzen mit ihrer ganzen Blattspreite an den Fiederachsen, sind aber untereinander an ihrer Basis verbunden. Unter dem Mikroskop zeigen sie eine spitzwinklig ansetzende Mittelader und ein- bis zweimal gegabelte Seitenadern. **Vorkommen:** Oberkarbon. **Verbreitung:** U. a. Saarkarbon.

Es handelt sich um eine ausgestorbene Gruppe, die Merkmale der Farne und Nacktsamer (Gymnospermen) vereinigt.

Foto: *D. pluckenethi* aus dem Oberkarbon des Saarlandes, Deutschland. Länge eines Wedelseitenzweiges 8 cm.

Imparipteris

Rekonstruktion

Kl. Lyginopteridatae (Farnsamer), Ord. Lyginopteridales. **Merkmale:** Organgattung für Blätter. Blattform zungenförmig bis rundlich, an der Basis eingeschnürt, Aderung fiedrig, Blättchen an großen Wedeln sitzend, von denen jeder in einem Fiederblättchen endet. **Vorkommen:** Oberkarbon bis Mittleres Perm. **Verbreitung:** Mitteleuropa.

Die zu den *Imparipteris*-Blättern gehörenden Stammstücke waren schon seit langem unter dem Organgattungsnamen *Medullosa* bekannt. Sie zeigen die holzanatomischen Details der Familie Medullosaceae: Im Zentralteil des Stammquerschnittes viele runde, voneinander getrennte und in Grundgewebe eingebettete Leitbündel; nach außen folgt eine zweifache Schicht von Sekundärholz. Die äußerste Schicht besteht aus einem Abschlußgewebe. Im Gegensatz zu den übrigen Farnsamern der Ordnung Lyginopteridales, die als Kletterpflanzen interpretiert wurden, besaßen die Medullosaceen bei einer Stammdicke bis zu 20 cm sicher einen aufrechten Wuchs (s. Grafik).

Foto: *I. tenuifolia* aus dem Oberkarbon, Neunkirchen, Deutschland. Maximale Länge der Blättchen 0,8 cm, Breite 0,4 cm.

Glossopteris

Rekonstruktion

Kl. Lyginopteridatae, Ord. Glossopteridales (Zungenfarne). **Merkmale:** Meist finden sich von diesem Farnsamer nur die Blätter. Diese sind ganzrandig, ihr Umriß zungenförmig, die Nervatur netzartig, mit einem deutlich ausgebildeten Mittelnerv. Gut erhaltene Stücke zeigen die ursprüngliche Lage der Blätter. Sie saßen schopfartig verdickt mit kurzem Stiel am Ende der Stämme. Der ebenfalls sehr verbreiteten Gattung *Gangamopteris* fehlt der Mittelnerv. **Vorkommen:** Oberkarbon bis Trias, ? Jura. **Verbreitung:** Südafrika, Südamerika, Vorderindien, Australien, Antarktis.

Im Karbon und im Perm unterscheidet man eine auf die Nordhalbkugel (Europa, Amerika) sowie auf die Südhalbkugel (Gondwana) beschränkte Florenprovinz. *Glossopteris* ist ein typisches Fossil der Gondwanaprovinz. Der holzanatomische Bau dieser Pflanzen weist auf eine Verwandtschaft mit den Nacktsamern hin.

Foto: *G. browniana* aus dem Perm von Talbraga, Australien. Blattbreite 3 cm.

Baiera

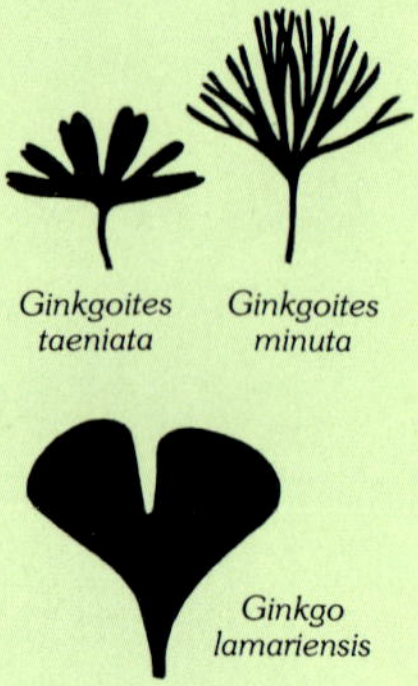

Blätter jurassischer und kreidezeitlicher Ginkgogewächse

Ord. Ginkgoales, Fam. Ginkgoaceae (Ginkgogewächse). **Merkmale:** Organgattung für stark zerschlitzte Blätter dieser Familie. Die langen, parallelnervigen Blätter sind durch tiefe Einschitte stark zerteilt und besitzen einen deutlich abgesetzten Blattstiel. **Vorkommen:** Perm bis Unterkreide. **Verbreitung:** U. a. Mitteleuropa.

Die ungewöhnliche Form der Blätter ließ zunächst an Algen oder Farne glauben. Erst nach Funden im Jura von Spitzbergen mit Blättern, männlichen Blüten und Samen im Zusammenhang wurden sie als Vertreter der Ginkgogewächse erkannt. Die Holzanatomie der einzigen rezenten Art *Ginkgo biloba* als sog. lebendes Fossil zeigt große Ähnlichkeit mit der Coniferengattung *Cupressus*. Die Zerschlitzung der Blätter dieser Familie nimmt mit dem geologischen Alter zu (vgl. Grafik). Bei der rezenten Art sind die Blätter je nach Alter und Position zum Stamm unterschiedlich zerteilt.

Foto oben: *Baiera* aus dem Keuper von Franken, Deutschland. Blattlänge 5 cm.

Cordaites

Kl. Pinatae, Ord. Cordaitales (Cordaitenbäume). **Merkmale:** Stämme bis über 30 m Höhe; Blätter spiralig angeordnet, besonders dicht an den Astenden, Blattform lanzettförmig oder mit abgerundetem Ende, bis zu 1 m lang und 15 cm breit; Blattnerven scheinbar parallel, jedoch spitz zulaufend. **Vorkommen:** Karbon bis Perm. **Verbreitung:** Weltweit.

Foto unten links: *Cordaites* sp. aus dem Perm von Oberfranken, Deutschland. Blattlänge 20 cm.

Lebachia

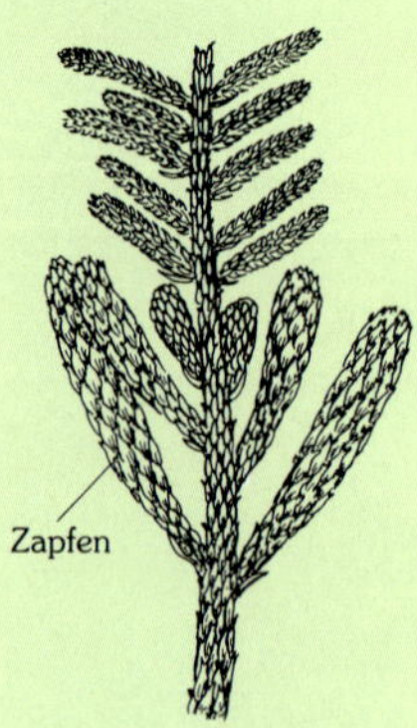

seitliches Sproßsystem mit Zapfen

Kl. Pinatae, Ord. Voltziales. **Merkmale:** Stamm-Ø bis zu 10 cm, Äste wirtelig angeordnet, Hauptarm mit gabeligen Blättern, übrige Blättchen bis 4 mm lang, 1,5 mm breit, schuppen- bis nadelförmig gebaut, spiralig angeordnet. Im Aussehen den Araukarien ähnlich (s. Grafik). **Vorkommen:** Oberkarbon bis Unteres Perm. **Verbreitung:** Weltweit.

Foto unten rechts: *L. piniformis* aus dem Perm, Friedrichsroda, Deutschland. Dicke der seitlichen Verzweigung 1 cm.

Metasequoia

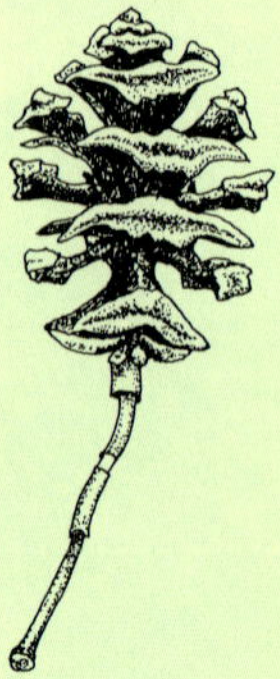

Zapfen

Ord. Pinales, Fam. Taxodiaceae (Sumpfzypressengewächse). **Merkmale:** Zweige gegenständig; Nadeln zweireihig und gegenständig, Form linealisch, bis zu 2,5 cm lang. **Vorkommen:** Oberkreide bis rezent. **Verbreitung:** Im Tertiär von Ostasien, Nordamerika, Arktis; nicht in Mitteleuropa. Rezent in China.
Die auch als Urweltmammutbaum bezeichnete Gattung gehört zu den »lebenden Pflanzenfossilien«. 1941 wurden fossile Überreste aus dem Jungtertiär Japans entdeckt, die im Bau der Nadeln Ähnlichkeit mit der nordamerikanischen Sumpfzypresse *Taxodium* hatten, aber in ihren Zapfen mit der Gattung *Sequoia* zu vergleichen waren. Der rezente Baum – mit eben diesen Merkmalen – wurde erst 1944 entdeckt und 1948 als *Metasequoia glytostroboides* beschrieben. Er ist nur in Zentralchina beheimatet und wird bei einem Ø von 2 m bis zu 30 m hoch.
Foto: *M. occidentalis* aus dem Paläozän, Spitzbergen. Größte Länge der Nadeln 1,5 cm, größte Breite 0,3 cm.

Liquidambar

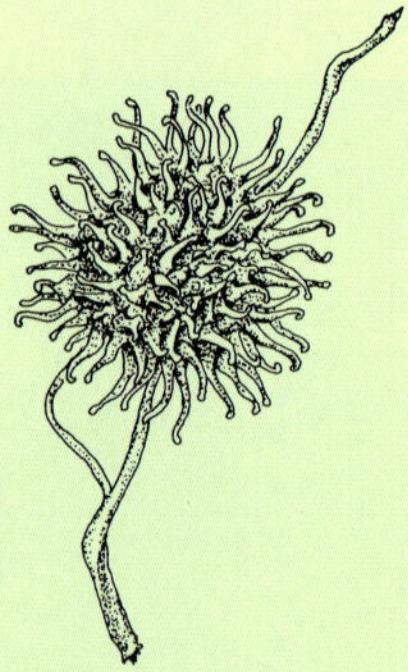

Frucht

Kl. Magnoliatae, Fam. Hamamelidaceae (Zaubernußgewächse). **Merkmale:** Fossile Gattung durch Blätter (Foto) und Früchte (s. Grafik) belegt. Blätter i. d. R. fünflappig, die Hauptnerven am Blattgrund gegabelt. Blattrand gesägt, in länglichen Drüsen endend. Sekundärnerven in Bögen miteinander verbunden, alle Nerven bilden ein vieleckiges Maschennetz. **Vorkommen:** Tertiär bis rezent. **Verbreitung:** Eurasien und Nordamerika.
Aus einigen tertiären Fundstellen sind *Liquidambar*-Blätter bekannt, die lediglich dreilappig geformt sind. Rezent sind noch 3 Arten vertreten: *L. orientalis* (Kleinasien), *L. styricaflua* (Nordamerika) und *L. formosana* (Mittelchina, stets dreilappig). Alle Arten sondern nach Verletzung der Rinde ein Harz ab, das teilweise zu medizinischen Zwecken verwendet wird.
Foto: *L. europaea* aus dem Miozän von Achldorf, Deutschland. Höhe des Blattes 6,5 cm, Breite 10 cm.

Palmoxylon

Wedel einer Fächerpalme

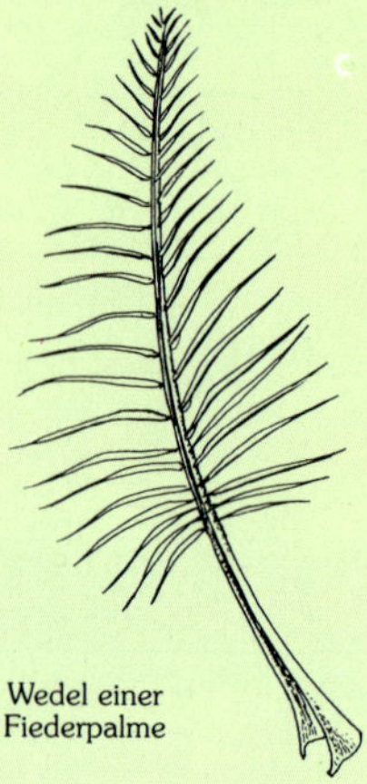

Wedel einer Fiederpalme

Kl. Liliatae, Fam. Palmae. **Merkmale:** Organgattung für Stämme von palmenartigem Bau. Die parallel der Stammachse verlaufenden, zylindrischen Leitbündel erscheinen im Stammquerschnitt als rundliche Öffnungen, die sich deutlich vom Grundgewebe abheben. **Vorkommen:** Kreide bis Tertiär. **Verbreitung:** Weltweit.

Die Gattung *Palmoxylon* wurde bereits 1882 für verkieselte Stammstücke und Wurzeln von einkeimblättrigen Pflanzen begründet, deren holzanatomischer Bau dem der Palmen ähnlich ist. Zur Bestimmung der Arten werden von verkieselten Exemplaren Dünnschliffe in verschiedenen Ebenen zur Stammachse angefertigt und der Holzfeinbau – speziell der der Leitbündel – untersucht. Besonders gut erhaltene und schnell im Sediment begrabene, fossile Stücke zeigen den am Stamm anhaftenden Wurzelmantel. Während Stammstücke von *Palmoxylon* erst aus der Oberkreide von Böhmen bekannt sind, werden palmähnliche Blätter bereits aus der Trias von Colorado beschrieben, doch ist ihre Zugehörigkeit zu den Palmen äußerst fraglich.

Die heute lebenden Palmen sind zum überwiegenden Teil in den Tropen beheimatet, doch reicht das Verbreitungsgebiet der Gattung und Art *Chamaerops humilis* bis in den mediterranen Raum (Italien, Südspanien). Wie bei den fossilen Formen ist generell nach Form der Wedel eine grobe Einteilung in Fächer- und Fiederpalmen möglich (s. Grafik).

Foto: *P. lacunosum* aus dem Tertiär der USA. Ø des Stammquerschnittes 40 cm. Von der Mitte zum Rand hin ist deutlich eine Zunahme der Leitbündelquerschnitte zu erkennen. Die farblichen Abstufungen – schwarzes Zentrum, weiße Zone, braune Zone und beiger Rand – entsprechen nicht bestimmten Teilen der Holzanatomie, sondern sind lediglich Lösungsreaktionen während der Verkieselung.

Asteriacites

Spurenfossilien (Ruhespuren). **Merkmale:** Sternförmige, meist fünfstrahlige Ruhespuren verschiedener Asterozoen (Seesterne). **Vorkommen:** Obersilur bis rezent. **Verbreitung:** Weltweit.

Der Abdruck des auf einer weichen Tonlage ruhenden Seesternes wurde nachträglich mit Sediment verfüllt, ist also kein körperliches Fossil. In diesem Fall sind Spurenfossil und Verursacher leicht in Einklang zu bringen. Bei einer Vielzahl der Spurenfossilien ist der Verursacher noch unbekannt.

Eines der schönsten Beispiele von Spurenfossilien ist die in der Grafik dargestellte Fährte eines *Mesolimulus* (Vorfahre des Molukken-Krebses), die unter der Bezeichnung *Kouphichnium* bekannt wurde. Sie war nicht selten auf den Schichtflächen der oberjurassischen Solnhofener Schiefer erhalten. Wegen des geraden, manchmal unterbrochenen oder fehlenden Mittelteiles der Gesamtspur wurde sie zunächst als Fährte von Amphibien, des Urvogels, von Flugsauriern, von zweibeinigen Sauriern oder Säugern gedeutet. Erst ein Vergleich mit rezenten *Limulus*-Spuren und die gleichzeitige Erhaltung des Verursachers mit seiner Spur, führten zur Aufklärung des Phänomens.

Foto oben links: *A. lumbricalis,* Unterer Lias, Coburg, Deutschland. Ø der größten Spur 7 cm.

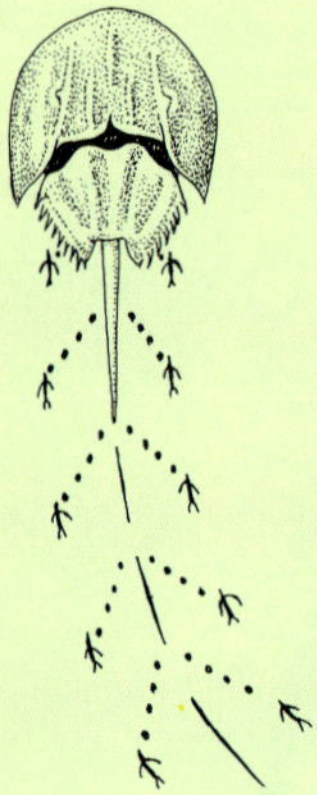

Kouphichnium, fossile Fährte eines *Mesolimulus*

Dendrites

Pseudofossilien. **Merkmale:** Verschiedenfarbige, moosartige Verzweigungen auf Schicht-, Schieferungs- und Spaltflächen von Gesteinen.

Gerade wegen ihrer moos- oder farnähnlichen Gestalt wurden Dendriten zunächst als Überreste von Pflanzen gedeutet. Doch verdanken sie ihre Entstehung nicht irgendwelchen Organismen, sondern sind Rückstände eisen- oder manganhaltiger Lösungen, die nach der Gesteinsbildung in Spaltflächen eingedrungen sind.

Foto oben rechts: Dendriten, Weißjura der Solnhofener Plattenkalke, Deutschland.

Chondrites

Spurenfossilien (Freßbauten). **Merkmale:** Verzweigte Freßbauten mit unterschiedlicher Färbung zum umgebenden Gestein. **Vorkommen:** Kambrium bis Tertiär. **Verbreitung:** Weltweit.

Als Verursacher werden sedimentfressende Würmer angenommen.

Foto unten: *C. bollensis,* Oberer Lias, Holzmaden, Deutschland. Breite der größten Spur 0,4 cm.

Erdgeschichtliche Übersichtstabelle

Beginn vor Millionen Jahren	Zeitalter	Formationen	Abteilungen (bzw. Stufen im Teritär)
2,5	Känozoikum	Quartär	Holozän Pleistozän
65	Känozoikum	Tertiär	Pliozän Miozän Oligozän Eozän Paleozän
136	Mesozoikum	Kreide	Ober- Unter-
190	Mesozoikum	Jura	Malm (Weißer J.) Dogger (Brauner J.) Lias (Schwarzer J.)
225	Mesozoikum	Trias	Keuper Muschelkalk Buntsandstein
280	Paläozoikum	Perm	Zechstein Rotliegendes
345	Paläozoikum	Karbon	Ober- Unter-
395	Paläozoikum	Devon	Ober- Mittel- Unter-
430	Paläozoikum	Silur	Ober- Mittel- Unter-
500	Paläozoikum	Ordovizium	Ober- Mittel- Unter-
570	Paläozoikum	Kambrium	Ober- Mittel- Unter-
4.500	Präkambr.	Algonkium Archaikum	

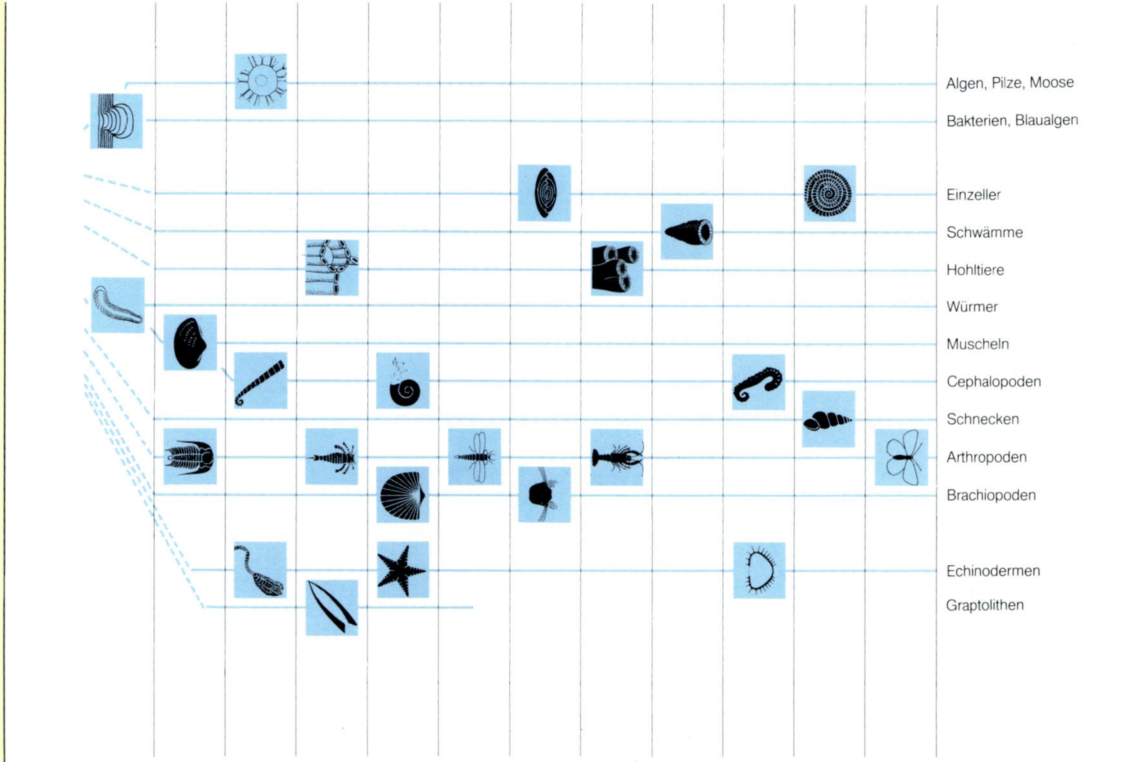
Algen, Pilze, Moose
Bakterien, Blaualgen
Einzeller
Schwämme
Hohltiere
Würmer
Muscheln
Cephalopoden
Schnecken
Arthropoden
Brachiopoden
Echinodermen
Graptolithen

Fachausdrücke

adult erwachsen
alternierend abwechselnd
Ambulakralfelder Plattenbereich des Seeigelgehäuses, an denen die Ambulakra (Füßchen) austreten
ammonitisch Lobenlinie mit stark zerteilten Sätteln und Loben
Analplatte Plattenbereich des Afters bei Stachelhäutern
Araucarie Gattung der Koniferen (Zapfenträger)
Arealfeld Bereich hinter dem Wirbel bei Muscheltieren
Armklappe Armgerüst und Kiemenarme enthaltende Klappe bei Brachiopoden
Basalplatten dem Stiel nächste oder zweitnächste Plattenreihe bei Seelilien
Benthos Gesamtheit der am Boden von Gewässern lebenden Organismen
biconvex beidseitig gewölbt
Blattnarbe Marke der Blattachse auf dem Blattpolster
Blattpolster Bereich des Blattansatzes am Stamm oder am Zweig
Blattwirtel Blattstockwerk
Centrale zentral gelegene Kelchplatte bei freischwimmenden Seelilien
Cephalon Kopfschild bei Trilobiten
ceratitisch Lobenlinie mit zerschlitzten Loben, aber ganzrandigen Sätteln
Coniferen Nadelhölzer
Crinoiden Seelilien
Cruren Stützelemente der Kiemenarme bei Brachiopoden
Deltoidplatten Plattenkranz bei den Blastoidea, z. B. *Deltoblastus*
Desmone Skelettelemente bei den Schwämmen mit unregelmäßigen Auswüchsen
dorsal am Rücken
evolut weitspiralig aufgerollt
Evolution Entwicklungsgeschichte
extern außen
Exuvien Häutungsreste bei Arthropoden
Flanken seitlicher Bereich zwischen Nabel und Rücken bei Ammoniten
Foraminiferen schalentragende Einzeller mit Öffnungen (Foramina)
Fossilisation Fossilwerdung und die Umstände, die dazu führen
gegenständig im pflanzlichen Sinne für gegenüberstehend
Genital- Geschlechts-
Gesichtsnaht Häutungslinie am Kopfschild der Trilobiten
Glabella zentral gelegener Stirnteil bei Trilobiten
goniatitisch Lobenlinie mit einfachen Loben und Sätteln
heteromorph Ammoniten, deren Gehäuse ganz oder teilweise von der normalen Windungsspirale abweicht
Hypothallium Zentral- oder Basisgewebe bei Rotalgen
Infrabasalplatten dem Stiel der Seelilien nächst liegende Plattenreihe
inkrustierend eine Kruste bildend
intern innen
Interambulakralplatten Platten der Echinodermengehäuse, die zu beiden Seiten durch die Poren der Ambulakralplatten begrenzt sind
involut Art der Einrollung des Gehäuses bei Ammoniten, die letzte Gehäusewindung umgreift die vorherigen

Kloake Aftermündung

Knoten Verdickungsstelle an Gehäusen von Mollusken

Konkretion stoffliche Konzentration von unterschiedlicher Härte und Chemismus in Gesteinen

Konzeptakulum Behälter

lateral seitlich

Ligament elastisches Verbindungsband, das von außen die Schalen der Muscheln zusammenhält und unterhalb des Wirbels gelegen ist

Lobus von der Mündung weggerichteten Bereiche der Lobenlinie

Lobenlinie Berührungslinie der Kammerscheidewände mit der Innenseite der Gehäusewand

median in der Mitte verlaufend

Medianseptum im Inneren der Brachiopodenschale verlaufende Trennwand

monaxon einachsig (Skelettelemente bei Schwämmen)

Nabel Windungsachse bei Mollusken

Naht Kontaktlinie eines Gehäuseumganges mit dem vorherigen

Ohren Ohrenartige Mündungsausbildung bei Ammoniten

opisthopar Häutungslinie am Cephalon der Trilobiten, hinter den Spitzen der Wangenecke endend

Organgattung Gattungsname für einen Teil eines pflanzlichen Organismus

petaloid blattförmige Ausbildung des Ambulakralbereichs bei Stachelhäutern

Phragmokon gekammerter Teil des Belemnitentieres

Plankton Gesamtheit der im Wasser schwebenden und treibenden Organismen

planspiral in einer Ebene aufgerollt

Pleuren Segmente des Körpers und des Schwanzschildes bei Trilobiten

Polypar Gehäuse des Polypen bei Korallen

Protozoa einzellige Tiere

Provinzen Verbreitungsgebiete

Pygidium Schwanzschild bei Trilobiten

pyritisiert durch Schwefelkies ersetzt

quirlständig ringsum in gleicher Höhe angeordnet

Radialplatten über den Basalia liegender Plattenkranz bei Stachelhäutern

Respiration Atmung

Rhabdosom Graptolithenkolonie

Rostrum ungekammerter Teil eines Belemnitentieres

Sattel zur Mündung hin gewölbter Teil der Lobenlinie

Schelf Flachseebereich bis 200 m Wassertiefe

schizodont Schloßzahn unter dem Wirbel gespalten

Schlitz Gehäuseschlitz der Außenlippe bei Archäogastropoda, der den Durchtritt der Afteröffnung markiert

Schulter oberer Teil der Windung bei Gastropoden

Sediment Ablagerung (Gesteine, Tone, Sande)

septalial plattenförmige Verschmelzung von Cruren und medianem Septum bei Brachiopoden

Septum Trennwand bei Korallen, Brachiopoden und Ammoniten

Siebplatte Genitalplatte bei Stachelhäutern, mit Poren als Sieb für das Wassergefäßsystem

Sipho Verbindungsröhre der Gehäusekammern bei Kopffüßern

Siphonaldüten trichterförmige Ausstülpung der Kammerscheidewand im Siphobereich

Siphonalhüllen kalkige Hülle des Siphos

Skulptur Verzierung (Knoten, Rippen)
solitär einzeln
Spiraster gedrehtes Skelettelement bei Schwämmen
Stielklappe das Stielloch enthaltende Klappe bei Brachiopoden
Synangien verwachsene Sporenbehälter
terebratulid eingebuchtetes Armgerüst bei Brachiopoden
Theka Gehäuse
Thorax Mittelteil des Trilobitenkörpers
Umgang eine volle Gehäusewindung von 360°
ventral auf der Bauchseite
Wangen seitlich außen gelegene Teile des Kopfschildes von Trilobiten
Wohnkammer ungekammerter Gehäuseteil bei Cephalopoden, der den Weichkörper enthält
Zoecien Gehäuse von Bryozoenpolypen

Hinweise zum Arbeiten mit diesem Buch

Die Anzahl der Abbildungen war entsprechend der Konzeption der BLV Naturführer vorgegeben. Die Auswahl der Fossilien – wie schon in der Einleitung angesprochen – unterlag Kriterien wie Häufigkeit des Auftretens, einer guten, auch für die Fotografie geeigneten Erhaltung und den für die Gattung charakteristischen Merkmalskomplexen.

Der Textbegriff Merkmale beinhaltet eine kurze, diagnostische Beschreibung der angegebenen Fossilgattung. In ihm sind wichtige morphologische Details angesprochen, die zur Charakterisierung dienen. Die dazugehörige Abbildung liefert sozusagen als Ergänzung nur eine von vielen Arten, die im breiten Spektrum dieser Gattung vertreten sind. Die Arten wiederum unterscheiden sich untereinander durch bestimmte Merkmale. Die Gattungsbeschreibung enthält daher folgerichtig eine Summe von übergeordneten Merkmalen, die für jede dieser Arten zutrifft.

Die Bezeichnung Vorkommen umfaßt die zeitliche Verbreitung der Fossilgattung (s. auch erdgeschichtliche Übersichtstabelle, S. 120/121). Sie wird mit Formationsnamen wie z. B. Jura bezeichnet und weiter durch Bezeichnungen wie Ober-/Oberer, Mittel-/Mittlerer, Unter-/Unterer präzisiert. Die Formationsnamen entsprechen also bestimmten Zeiteinheiten, jede definiert mit einer Zeitdauer in Millionen von Jahren. Speziell bei den Ammoniten tauchen noch genauere, international gebräuchliche Stufen-Unterteilungen wie Callovium, Oxford, Kimmeridge auf, deren Zugehörigkeit zu den entsprechenden Formationsnamen spätestens bei der Fundortangabe in Klammern angegeben ist.

Dem aufmerksamen Leser wird sicherlich nicht entgehen, daß die Lebensdauer der angeführten Gattungen, d. h. ihre zeitliche Verbreitung auf der Erde, äußerst unterschiedlich ist. Es gibt eben solche Fossilien, die für einen geologisch kurzen Zeitraum charakteristisch sind wie z. B. Mikrofossilien oder Ammoniten. Dem gegenüber stehen Organismen wie die Brachiopodengattung *Lingu-*

la, die bereits vor 400 Millionen Jahren existierte und als lebendes Fossil angesehen wird, weil sie ohne große Veränderungen in Bauplan und Lebensweise bis heute überdauert hat.

Neben ihrer Lebensdauer spielt auch die geographische Verbreitung einer Fossilgattung in der Paläontologie eine entscheidende Rolle. Bei Angaben wie Europa oder Afrika in Verbindung mit zeitlichen Einheiten muß sich der Leser vergegenwärtigen, daß die geographische Lage und Größe der damaligen Kontinente niemals der heutigen Anordnung entsprach. Doch gerade die Verbreitung der Fossilgattungen in den Bereichen der uns jetzt vorliegenden Erdteile war ein wesentlicher Baustein zur Begründung der Lehre von den driftenden Kontinenten.

Die in verschiedenen geologischen Epochen unterschiedliche Dynamik der Gebirgsbildung und die damit verbundene wechselnde Verteilung von Land und Meer war es, die den damaligen Organismen ihre Lebensräume zuwies. Eine Änderung des vorgegebenen Lebensraumes bedeutete Anpassung oder Aussterben.

Eine fehlende Länderangabe im Rahmen der geographischen Verbreitung bedeutet zwangsläufig noch nicht das absolute Fehlen dieser Gattung in der betreffenden Region, sondern mag auf mangelnder Bearbeitung der fossilen Tier- und Pflanzengruppen beruhen. Andererseits ist das Vorkommen von bestimmten Fossilgruppen auch auf die damals andere Verteilung von Land und Meer zurückzuführen. Das beispielsweise häufige Auftreten von landbewohnenden Sauriern in Nordamerika und der Mongolei während der Kreidezeit erklärt sich mit der damaligen Verteilung großer Landflächen in beiden Gebieten, während Mitteleuropa zu dieser Zeit weitgehend vom Kreidemeer überflutet war.

In den meisten Fällen sind die abgebildeten Objekte bis auf die Art der betreffenden Gattung bestimmt worden. War dies nicht der Fall, so wurde nur die Gattung angesprochen oder die Bezeichnung »sp.« (Abkürzung für lat. »species«, nicht näher bestimmte oder zu bestimmende Art der Gattung) gewählt. Das Zeichen Ø bedeutet den größten Durchmesser des Objektes.

Die Fundortangaben wurden absichtlich im größeren Gebietsrahmen gehalten, da es nicht Sinn und Zweck sein soll, im Rahmen einer Einführung in die Versteinerungskunde exakte Fundortangaben zu vermitteln, für die in anderen Medien bereits ein Forum vorhanden ist. Hier sei auf Regionalführer und Sammlerzeitschriften verwiesen.

Einerseits ist die Preisgabe einer guten Fundstelle immer mit der Gefahr ihrer totalen Ausbeutung und Vermarktung verbunden, andererseits besitzen die dafür verantwortlichen Institutionen weder die Mittel noch die Fachleute, um jede Fundstelle wissenschaftlich zu betreuen. Eine sinnvolle Zusammenarbeit zwischen Privatsammlern und staatlichen Institutionen wäre ideal. Im gerade wieder erwachenden Naturbewußtsein vieler Länder wird einer Vermarktungstendenz der Fossilien durch harte Natur- und Denkmalsschutzgesetze gegengesteuert. In einigen Ländern herrscht für Versteinerungen bereits Sammel- und Exportverbot, da sie zu wissenschaftlichem Kulturgut erklärt worden sind.

Register